EL SITIO DE BREDA

Libros a la carta

Partiendo de nuestro respeto a la integridad de los textos originales, ofrecemos también nuestro servicio de «Libros a la carta», que permite -bajo pedido- incluir en futuras ediciones de este libro prólogos, anotaciones, bibliografías, índices temáticos, fotos y grabados relacionados con el tema; imprimir distintas versiones comparadas de un mismo texto, y usar una tipografía de una edición determinada, poniendo la tecnología en función de los libros para convertirlos en herramientas dinámicas.

Estas ediciones podrán además tener sus propios ISBN y derechos de autor.

PEDRO CALDERON DE LA BARCA

EL SITIO DE BREDA

BARCELONA **2008**
WWW.LINKGUA.COM

Créditos

Título original: *El sitio de Breda*.

© 2007, Linkgua ediciones S.L.

08011 Barcelona.
Muntaner, 45 3° 1ª
Tel. 93 454 3797
e-mail: info@linkgua.com

Diseño de cubierta: Linkgua S.L.

ISBN rústica: 978-84-9816-417-6.
ISBN cartoné: 978-84-9816-922-5.

Las bibliografías de los libros de Linkgua son actualizadas en: www.linkgua.com

SUMARIO

PRESENTACION

La vida

Pedro Calderón de la Barca (Madrid, 1600-Madrid, 1681). España.
Su padre era noble y escribano en el consejo de hacienda del rey. Se educó en el colegio imperial de los jesuitas y más tarde entró en las universidades de Alcalá y Salamanca, aunque no se sabe si llegó a graduarse.
Tuvo una juventud turbulenta. Incluso se le acusa de la muerte de algunos de sus enemigos. En 1621 se negó a ser sacerdote, y poco después, en 1623, empezó a escribir y estrenar obras de teatro. Escribió más de ciento veinte, otra docena larga en colaboración y alrededor de setenta autos sacramentales. Sus primeros estrenos fueron en corrales.
Entre 1635 y 1637, Calderón de la Barca fue nombrado caballero de la Orden de Santiago. Por entonces publicó veinticuatro comedias en dos volúmenes y *La vida es sueño* (1636), su obra más célebre. En la década siguiente vivió en Cataluña y, entre 1640 y 1642, combatió con las tropas castellanas. Sin embargo, su salud se quebrantó y abandonó la vida militar.
Entre 1647 y 1649 la muerte de la reina y después la del príncipe heredero provocaron el cierre de los teatros, por lo que Calderón tuvo que limitarse a escribir autos sacramentales.
Calderón murió mientras trabajaba en una comedia dedicada a la reina María Luisa, mujer de Carlos II el Hechizado. Su hermano José, hombre pendenciero, fue uno de sus editores más fieles.

En junio de 1625 la guarnición de Breda en Holanda, al mando de Justino de Nassau —hermano de Mauricio—, se rindió a Spínola después de nueve meses de asedio. Spínola conquistó la ciudad mediante un laberinto de trincheras y fortificaciones. A ese efecto se construyeron 96 reductos, 37 fuertes y 45 baterías llanas para aislar Breda y rendirla por hambre y a su vez proteger al ejército sitiador de un ataque externo. La victoria fue reflejada en el cuadro de Velásquez *La rendición de Breda* como un éxito relevante de la política de España y de Felipe IV durante el siglo XVII.

9

Personajes:

El Marqués Espínola
Alonso Ladrón
El Conde Juan de Nassau
Marqués de Barlazón
Pablos Ballón
Marqués de Belveder
Don Francisco de Medina
Don Fadrique Bazán
Don Gonzalo de Córdoba
Don Luis de Velasco
Don Vicente Pimentel
Madama Flora
Alberto, viejo
Carlos, niño
Enrique de Nassau
Morgan, inglés
Justino de Nassau
Laura
Un Ingeniero
Estela
Príncipe de Polonia
Un Sargento
Una Espía, de villano
Conde Enrique de Vergas

JORNADA PRIMERA

Tocan cajas y chirimías, salen el Marqués Espínola y Alonso Ladrón, capitán.

Alonso	Hoy es, señor, el venturoso día	
	que obediente a las órdenes que diste,	
	donde te espera tanta bizarría,	
	que el tiempo de lisonjas y honor viste;	
	porque el bronce y las armas a porfía	5
	le ven alegre y le obscurecen triste,	
	cuando, confusos entre sí, presumo	
	que es la aurora su luz, la noche el humo.	
	Aquí la plaza de armas has mandado	
	hacer y aquí la frente de banderas,	10
	que son ciento y noventa, y numeradas	
	el ejército ya por sus hileras	
	es la muestra que han hecho y que he hallado	
	que entre propias naciones y extranjeras,	
	de ejércitos del Rey solo son treinta	15
	y cuatro mil seiscientos y noventa.	
	Las del país, que llaman escogidos,	
	son dos mil, de felices esperanzas,	
	y seis mil y ochocientos prevenidos	
	de los que llaman gente de finanzas,	20
	de la Liga Católica lucidos	
	cinco mil y trecientos, que a venganzas	
	ya se previenen, cinco mil la gente	
	de nuestro Emperador, noble y valiente.	
	Hasta aquí repetí la infantería	25
	y no menos admira la opulenta	
	majestad de la gran caballería,	
	si se reduce a número su cuenta	
	de ejércitos del reino, más había	
	siete mil y seiscientos y sesenta;	30

dos mil, no sé si diga Martes fieros,
de bandas, de hombres de armas y de arqueros.

Espínola Mi humilde celo, mi temor piadoso
dichosamente sus aplausos fía
a la fe de Felipo poderoso,   35
cuarto planeta de la luz del día;
y espero que su intento religioso
ha de asombrar en Flandes la herejía,
dando el sangriento fin alguna hazaña,
alabanzas al cielo, honor a España.   40
Estos, ¿quién son?

(Tocan cajas.)

Alonso   Seis regimientos llegan,
dos borgoñones, cuatro de alemanes,
cuyos tercios al conde Juan se entregan
y marqués Barlanzón, ambos Roldanes.

(Sale el Conde Juan de Nassau, de alemán, y el Marqués Barlazón, de
tudesco.)

Juan Denos los pies.

Espínola   Los brazos no se niegan   45
a dos tan valerosos capitanes.
Sean Vueseñorías bien venidos.

Juan Siendo de Vuexcelencia recibidos
con tanto honor, es fuerza lo seamos.

Espínola ¡Buena gente, Marqués!

Barlazón	*[handwritten: I suspect]*	
	[handwritten: that it is beneficial] Señor, recelo	50
	que es de provecho; pues en fin llevamos *[handwritten: well finally we have]*	
	[handwritten: People born in the rigor of ice]	
	gente nacida en el rigor del hielo.	
	¿Vamos a Grave, o al infierno vamos?	
	Que voto a Dios que ha de tener el cielo	
	poco que aposentar, si considero *[handwritten: laborers]*	55
	que están ya aposentados con Lutero.	

(Tocan.)

Alonso	Estos son italianos y valones.
Espínola	¿Sufren mucho en un sitio estos soldados?
Alonso	*[handwritten: Yes if they wait for the sack, yes]* Si el saco esperan, sí.
Espínola	No los baldones,
	que pelean tan bien. *[handwritten: that fight as well]*
Alonso	*[handwritten: If they are paid]* Si están pagados.

60

(Sale de inglés Pablos Ballón y Marqués de Belveder, italiano.)

Pablos	*[handwritten: Forced to live in your shadow]* Así cumplen, señor, obligaciones
	los que a tu sombra viven obligados.
Espínola	Señor Pablos Ballón, ilustre conde
	de Belveder...
Belveder	Por mí el honor responde.

(Tocan.)

Alonso	Estos son españoles. Ahora puedo	65

13

hablar, encareciendo estos soldados,
y sin temor; pues sufren a pie quedo
con un semblante bien o mal pagados.
Nunca la sombra vil vieron del miedo,
y aunque soberbios son, son reportados.   70
Todo lo sufren en cualquier asalto,
solo no sufren que les hablen alto.
En tres tercios su gente determina
divertirse, y tres maeses se previenen:
el uno es don Francisco de Medina,   75
y don Juan Claros de Guzmán, que tiene
sangre al fin de Guzmán; y por divina
muestra de su valor, con ellos viene
un capitán famoso, un don Fadrique
Bazán, a quien la fama altar dedique.   80

(Salen don Francisco de Medina con hábito de Santiago, y don Fadrique
Bazán con jineta.)

Espínola   Vuesa merced, señor Fadrique, sea
                mil veces bien venido, que con esto
                mi intento más alcanza que desea.

Medina   Siempre a servir al Rey estoy dispuesto.

Fadrique   Previniendo la fama que ligera   85
                los vientos rompe con veloces alas,
                que líneas son de la sutil esfera,
                troqué al acero cortesanas galas,
                los ecos de la envidia lisonjera
                al ruido leve de espirantes balas,   90
                la alegre corte a la marcial campaña.
                Y al fin por Flandes he trocado a España.

14

(Tocan.)

Alonso   Don Gonzalo de Córdoba ha venido. *has come*

Espínola   Como en las guerras del Palatinado
                Maese de campo general ha sido,   95
                puesto ninguno en Flandes ha ocupado,
                que no hay que darle, aunque haya merecido
                victorioso, prudente, afortunado,
                ser general, porque a su bisabuelo
                en él enseña repetido el cielo.   100
                No ha perdido facción, y no ha tenido
                suceso desdichado ni infelice,
                gracias a su valor; porque yo he oído,
                y a voces el ejército lo dice,
                que todos los soldados han vencido *have overcome*   105
                por Dios y por el Rey, ¡suerte felice!,
                y los suyos, ¿qué gloria aquesta igualo?,
                por Dios y por el Rey y don Gonzalo.

(Sale don Gonzalo de Córdoba.)

Espínola   Ya no puedo temer desdicha alguna, *misfortune*
                pues nuevo Amiclas, a decir me obligo   110
                que va, ¡oh gran don Gonzalo!, la fortuna
                de Fernández de Córdoba conmigo.

Gonzalo   Vuexcelencia remita la importuna *sent*
                retórica a los brazos, que si hoy sigo
                su milicia, del Betis al Hidaspes   115
                me harán eterno mármoles y jaspes. *I will be eternal marble + jasper*

(Tocan un clarín.)

Alonso	Ya el gran Velasco, general valiente,	
	va conduciendo la caballería.	
	Con él viene el ilustre don Vicente	
	Pimentel, que llegó de Lombardía,	120
	cabo de mil caballos.	
Espínola	Benavente,	
	ilustre rama de su tronco, envía	
	aquel que al mundo dio fértiles plantas,	
	aunque la muerte haya deshecho tantas.	
	Pues ya el rebelde bárbaro, ¿qué espera?	125
	Si muerto el mundo aqueste nombre yace,	
	en cuanto mira el Sol desde la esfera	
	adonde siempre muere y siempre nace.	
	En dos mitades dividir quisiera	
	el alma.	

(Salen los dos.)

Luis	Bien tal honra satisface	130
	nuestros deseos.	
Espínola	Triunfos soberanos	
	tendréis con imitar vuestros hermanos.	
Vicente	Yo, que siendo el menor, será forzoso	
	serlo en valor también, hoy solicito	
	mostrar, de mis hermanos envidioso,	135
	que, si no los excedo, los imito,	
	pues su blasón el tiempo presuroso	
	en láminas de bronce tiene escrito	
	cuando en la tierra y mar, para memorias,	
	se escriben con su sangre sus vitorias.	140
	Murió en Vergas mi hermano don García,	

16

lograda con su muerte su esperanza.
Vuexcelencia perdone la osadía,
que no es vil, aunque es propia la alabanza,
donde es tan justa. Aqueste mismo día   145
insigne triunfo nuestra gente alcanza;
que pareció, no triste, alegre suerte,
que pagó su vitoria con su muerte.
Don Alonso en Verceli, que amparado
de un cestón por instantes esperaba,   150
de máquinas de fuego rodeado,
la ardiente flecha de frondida aljaba,
de un rayo artificial arrebatado,
que trueno y lumbre a un mismo tiempo daba,
subió tan alto, que entre fuego y viento,   155
de sus huesos ignora el monumento.
Cuando el mar, envidioso de la tierra,
del viento y fuego, por grandezas sumas
quiso en azul campaña, en naval guerra,
manchar con nuestras sangres sus espumas;   160
y del profundo seno desencierra
dos holandeses, aves, cuyas plumas
eran de pino, pues con él volaban,
que hijas del viento serlo imaginaban.
Por heladas campañas discurría   165
en su alcance con otras dos don Diego;
y cuando, atento a su fación, se vía
sordo el mar, mudo el aire y el Sol ciego,
cada cual de las cuatro parecía
sobre balas de sal, montes de fuego,   170
siendo a tanto esperar humo importuno
de sus hados volcanes de Neptuno.
La más igual batalla que ha tenido
en sus ondas el medio mar de Europa,
esta fue. Mas después de haber vencido   175

la española arrogancia cuanto topa,
mi hermano, a su fortuna agradecido,
estaba desarmándose en la popa,
y apenas quita el peto, ¡oh suerte triste!
¿Qué prevención a lo fatal resiste? 180
Cuando una bala, ¡caso lastimoso!,
le rompe el pecho con furor violento,
porque allí con su sangre venturoso
quedase inoble ya tanto elemento.
Entró en Nápoles muerto y vitorioso. 185
Y yo, que a un punto envidio lo que siento,
vengo a ofrecer a Dios y al Rey la vida
cuanto bien empleada, bien perdida.

Espínola   Valerosos caballeros,
a cuyo poder augusto 190
hoy fía el Cuarto Filipo
la máquina de dos mundos,
por órdenes de Su Alteza
la señora Infanta, cuyo
valor dignamente eterno 195
vivirá siglos futuros,
hoy a veinte y seis de agosto
en Tornante estamos juntos.
El invierno viene ya,
en Flandes, más importuno; 200
porque, acercándose al Norte,
va sintiendo sus influjos.
Si no están entretenidos
los soldados en algunos
de los sitios que se ofrecen 205
para vitorioso asunto
de nuestras armas, podrán
amotinarse; y no dudo

que la esperanza del saco
pueda sufrir con más gusto   210
el grave peso a las armas,
cuando el diciembre, que anuncio,
molduras de escarcha y hielo
labre en sus hombros robustos.
Dos plazas se nos ofrecen,   215
que cualquiera dellas juzgo
por dichoso fin. Bredá
tiene inexpugnable muro
por los fosos que le cercan;
que el siempre contino curso   220
del mar, que río munda
sus calles, le ayudan mucho;
y es una plaza tan fuerte
que han pasado siete lustros,
que son treinta y cinco años,   225
que la ganaron los suyos,
y nunca la hemos cobrado:
¡afrenta y baldón injusto
de las armas españolas,
pero así al cielo le plugo!   230
Grave es una villa rica,
y de su asiento presumo
que fuera muy importante
al dichoso fin que busco.
El conde Enrico de Vergas   235
doce mil caballos tuvo
a la vista de sus torres,
y escribió lo que pronuncio:
«Yo estoy a vista de Grave,
donde informarme procuro   240
qué gente tiene de guerra,
y qué defensa en sus muros.

Y como a mí se me envíe
ocho mil hombres, presumo
que podré tomarla, siendo   245
de los ocho mil que busco,
los cuatro mil españoles.»
Ahora advertidme qué rumbo,
qué disinio seguiremos;
porque yo siempre me ajusto   250
al parecer acertado,
a los prudentes discursos
de tan valientes soldados,
cuyo consejo procuro,
cuya voluntad estimo,   255
y a cuya voz me reduzgo.

Gonzalo   Señor, si consideramos
que aquí dos plazas tenemos,
en cuyo sitio podemos
entretenernos, y estamos   260
dudosos en la elección,
y el Conde avisa que en Grave
nuestro disinio se sabe,
estará con prevención
esperando a ver tu intento,   265
y tendrá toda la tierra
con prevenciones de guerra,
con munición y sustento.
Bredá está más descuidada,
pongamos sitio a Bredá.   270

Barlanzón   ¿Y no se advierte que está
Bredá también mal cercada?
Es una fuerza invencible
y un sitio sin esperanza

de vitoriosa alabanza 275
que por armas no es posible
tomarla, como se ve.
Comiendo y no peleando,
¿quién ha de estar esperando
a que por hambre se dé? 280

Luis   Quien advierta que la gloria
es más prudente y modesta,
y más noble cuando cuesta
menos sangre la vitoria.
Si una vez se ven cercados, 285
vendrán a darse a partidos,
y como estén conseguidos
nuestros intentos osados,
será más piadosa hazaña,
que ellos se vengan a dar, 290
como al fin venga a quedar
Bredá por el rey de España,
que es lo que se intenta.

Juan   Sí,
mas que le den desconfío,
pues pudiendo por el río 295
meterles socorro, así
podemos estar mil años
esperando a que se den.

Vicente   ¿Y no se podrán también
remediar aquesos daños? 300

Barlanzón ¿Y cuando se remediaran
con alguna estratagema,
dejará de ser gran flema

	esperar que se entregaran?	
Ballón	Si no quieren pelear	305
	los españoles, sitiemos	
	a Bredá, y nos estaremos	
	dos mil años sin llegar	
	a las manos.	
Fadrique	Ya se sabe	
	que siempre los españoles	310
	son en la milicia soles.	
	Vuexcelencia vaya a Grave,	
	y cumpla la voluntad	
	de los que ocuparse quieren	
	en sitio, que el saco esperen	315
	sin mucha dificultad.	
Espínola	Caballeros: bien está.	
Ballón	Ir a Grave es lo mejor.	
[Unos] (Dentro.)	¡Vamos a Grave, señor!	
Otro	¡Señor, vamos a Bredá!	320
Espínola	¡Oh españoles! Ya es forzoso	
	que me determine yo;	
	y pues mi consejo halló	
	vuestro parecer dudoso,	
	vamos a Grave, que quiero	325
	seguir en esta ocasión,	
	flamencos, vuestra opinión.	
Alonso [Aparte.]	Ya ¿con qué paciencia espero	

	que salgan estos gabachos	
	con cuanto quieren? Mas es	330
	que los congracia el Marqués,	
	porque ve que están borrachos.	

Espínola   El marqués de Barlanzón
y el valiente conde Juan
con sus tercios llevarán   335
la vanguardia.

Juan   Dignos son
de ese lugar mis deseos,
cuando el honor, que me llama,
espera ocupar la fama
con vitoriosos trofeos.   340

Barlanzón   Ve donde tú te aconsejes;
que yo en cualquiera ocasión
un auto de inquisición
he de hacer destos herejes.

Espínola   Señor, la caballería   345
será de grande provecho
en el costado derecho,
porque por allí podría
venir el conde Mauricio,
que a aquella parte se ve   350
su ejército.

Luis   Yo daré
de mis deseos indicio,
callando cuerdo y valiente;
que el remitirse es gran mengua
de las manos a la lengua.   355

Espínola	Vaya, señor don Vicente.
Vicente	Iré a serviros fiel.
Alonso	Bien dirán vuestros blasones
	que son más que cien flinflones
	un español Pimentel. 360

(Vanse los dos.)

Espínola	En el izquierdo, Ballón
	ha de ir acompañado
	del de Belveder, formado
	un cuerpo a cada escuadrón.

(Vanse los dos.)

	Vingarte la artillería, 365
	de todas partes cercada,
	lleve en medio bien guardada,
	que yo con la infantería
	de los españoles quedo
	en la retaguardia.

Alonso	¡Andar! 370
	Juro a Cristo que he de hablar,
	que ya sufrirlo no puedo.
	Hoy sin duda has pretendido
	obscurecer el honor
	de España. ¿Cuándo, señor, 375
	en la retaguardia han ido
	españoles que se ofrecen?...

Espínola	Basta, capitán Ladrón,	
	que yo sé en toda ocasión	
	honrarlos como merecen.	380
	Oid, después de reportaros,	
	lo que mi honor determina:	
	don Francisco de Medina,	
	a don Juan Niño, a Juan Claros	
	y demás Maeses de campo	385
	españoles, les llevad	
	este orden y avisad	
	que cuando ya marche el campo	
	a Grave, la retaguardia	
	venga la vuelta de Bredá,	390
	pues con aquesto vendrá	
	entonces a ser vanguardia,	
	y a ser Bredá la cercada;	
	que yo solo he pretendido,	
	con la muestra que he fingido,	395
	que dejen desamparada	
	aquella fuerza, enviando	
	a Grave, con falso intento,	
	municiones y sustento.	
	Pero siempre imaginando	400
	que este es el fin de una hazaña	
	tal, que a mí me ha de costar	
	la vida o ha de quedar	
	Bredá por el rey de España.	

(Tocan.)

Medina	Beso mil veces tus pies.	405
	Ya el ejército a marchar	
	empieza.	

Espínola	Hasta llegar
	a Teteringe no des
	el orden. Vueseñoría
	ha de ser mi camarada,	410
	porque así vea lograda
	tan alta ventura mía:
	porque si en vós considero
	competidos igualmente
	hoy un general valiente	415
	y un prudente consejero,
	a conquistar me anticipo
	el mundo con fuerza altiva,
	porque eterno el nombre viva
	de Isabel y de Filipo.	420

(Vanse tocando cajas, y sale Madama Flora y Alberto, su padre y Carlos, su hijo y Enrique de Nassau.)

Enrique	¿Qué grave melancolía
	con apacibles enojos
	pudo en tus hermosos ojos
	eclipsar la luz del día?
	Cese la injusta porfía,	425
	que con pálido arrebol
	da rayos al tornasol,
	que el mundo de luces dora,
	porque llorar el aurora
	ya la vimos, mas no el Sol.	430
	A Bredá, madama, vienes,
	donde te adora el lugar.
	Si esas lágrimas previenes
	en exequias a la vida
	de tu esposo, el llanto impida	435
	verte de tu padre honrada,

de tu hijo acompañada
y de tu esclavo servida.
Supe que a Bredá venías,
y a este vallaje salí 440
a recebirte, que así
cumplen corteses porfías
las obligaciones mías.
Descansa a esta sombra, en tanto
que nos da treguas el llanto 445
suspenso en tus bellos ojos,
porque desdichas y enojos
se han de sentir, mas no tanto.

Flora   Tan justo es mi sentimiento,
que quien pretende templar 450
su rigor, más que el pesar
me quita el entendimiento.
Si es forzoso mi tormento,
forzoso será que muera;
porque, si yo no sintiera, 455
tuviera en desdicha tanta
alma inferior a la planta,
al pez, al ave, a la fiera.
De cierzo la furia helada
siente una piedra arrancada, 460
siente una temprana flor
de su centro con dolor;
brama una fiera, el rigor
dice mudo el pez, y un ave
con tono dulce y suave, 465
canta amor y celos llora;
que al fin el que más ignora,
sentir las desdichas sabe.
Siente el cielo y se obscurece

cubierto de un pardo velo,   470
y si al fin no siente el cielo,
por lo menos lo parece.
Toda alteración padece,
tal vez la tierra tembló,
bramó el aire, el mar gimió,   475
y el Sol hizo al mundo guerra,
porque todos en la tierra
saben sentir, sino yo.
Cuando en amorosos lazos,
mi amante esposo, ¡ay de mí!,   480
verle esperaba, le vi
herido y muerto en mis brazos,
partida el alma a pedazos,
todas las armas rompidas,
y por funestas heridas   485
abrió, ¡qué infelices suertes!,
bocas para entrar mil muertes,
y para salir mil vidas.
Confieso que en la defensa
de su religión murió;   490
mas para no sentir yo
no es bastante recompensa.

Enrique   Enfrena el dolor y piensa
el sangriento fin que alcanza
mi rigor y tu esperanza;   495
que si tu luz no se niega,
has de ver a donde llega
el brazo de mi venganza.
Daré al matador la muerte
si le alcanzo. ¡A Dios pluguiera   500
que el mismo Espínola fuera,
porque de una misma suerte

mi brazo atrevido y fuerte,
hoy pusiera con la hazaña
de venganza tan extraña
fin a tus desdichas grandes, 505
al miedo y temor de Flandes,
a la presunción de España!
Que tanto se ensoberbece
con los aplausos que ves 510
de ese noble ginovés,
que si a rendirle se ofrece,
estrecho el mundo parece,
y no es mucho, siendo tal
este altivo general 515
que al rey de España convida
con la hacienda y con la vida,
animoso y liberal.

Flora   El venirme yo a Bredá,
es porque cierto se sabe 520
que piensa sitiar a Grave,
donde el ejército va.
Allí el conde Enrico está
con su gente, por saber
de aquella fuerza el poder 525
según de su intento creo,
y con el mismo deseo,
plaza de armas hizo ayer
en Tornante el General,
donde el ejército vio, 530
tan numeroso, que dio
envidia a la celestial
esfera, viéndole igual
en todo sus luces bellas;
porque, al competir con ellas, 535

excedió, dando desmayos,
el resplandor a sus rayos,
y en número a sus estrellas.
De Quilche en el campo llano,
viniendo a Bredá le vi; 540
y mil veces presumí
ser maridaje lozano
del invierno y del verano,
que en las armas los rigores,
en las plumas las colores, 545
eran admirando al cielo,
los unos, montes de hielo,
los otros, campos de flores.
No así los rayos corteses
del Sol con dulces fatigas, 550
mieses labraron de espigas
en los abrasados meses,
como de los fresnos mieses
la gallarda infantería;
y al mirarlos, parecía 555
que espigas de acero daba,
y que, al compás que marchaba,
el céfiro los movía.
La caballería inquieta
pasó, abreviando horizontes. 560
¿Diré que marcharon montes,
con obediencia sujeta
al compás de la trompeta?
Sí, pues al son lisonjero
del bronce dulce, aunque fiero, 565
la trompa que se desata,
era un escollo de plata,
era un peñasco de acero.

(Sale Morgan, inglés.)

Morgan
Del Príncipe mi señor
ahora trujo estas cartas   570
un correo, y yo sabiendo
que en este villaje estabas,
que está apenas media legua
de la villa, sin tardanza
vine a traerle.

Enrique
                                    Veré   575
lo que Su Alteza me manda.

(Lee.)
«Ahora acabo de saber
que el ejército de España,
con prevenciones de guerra,
la vuelta de Grave marcha.   580
De Bredá saldréis al punto
que esta recibáis, sin falta,
y la gente que estuviere
en la villa, se reparta
para socorrer a Grave,   585
con bastimento y con armas
y munición, advirtiendo
no sea la gente tanta,
que pueda hacer a Bredá
en tiempo ninguno falta.   590
Dejad por gobernador,
para su defensa y guarda,
a Justino, nuestro hermano,
y de la villa no salga
tampoco el inglés Morgan;   595
que, por estar en la cama,
no voy en persona yo.
Los cielos os guarden. Dada

en Vergas a veinte y seis
de agosto.» ¡Desdicha extraña!
¿Qué tanta gente de guerra,
Morgan, estará alojada
en Bredá?

600

Morgan   Ocho mil hombres.

Enrique   Pues de aquesos ocho salgan
            los dos mil, y por el río
            vamos en veloces barcas
            porque lleguemos más presto.

605

[Aparte.]   O porque, yendo en el agua,
            templen sus heladas ondas
            este fuego que me abrasa.

610

(Vase.)

Morgan   Señora, ya es forzoso
            me deis licencia a que vaya
            sirviéndoos, puesto que Enrique
            faltó por tan justa causa
            a esta obligación.

Flora   Yo estimo

615

            la lisonja cortesana,
            mas no he de entrar en Bredá
            hasta que en sombras heladas
            hagan los rayos del Sol
            el mar sepulcro de plata.

620

            En aquestas caserías
            esperaré, acompañada
            de la familia que traigo
            y de mi padre, que basta

	para excusaros de hacerme	625
	esa merced.	
Morgan	Más agrada	
	quien obedeciendo yerra	
	que quien acertando cansa.	

(Vase.)

Carlos [A Flora.]	Mil veces he pretendido	
	buscar remedio a tus ansias;	630
	mas yo, ¿cómo podré darte	
	el consuelo que me falta?	
	Mi padre perdió la vida	
	en defensa de su patria,	
	si puedo decir que muere	635
	quien vive eterno a la fama.	
	Contigo viene mi abuelo,	
	vive segura y honrada	
	al amparo de mis bríos,	
	y al respeto de sus canas.	640

Alberto	En estas hermosas flores	
	te sienta un poco y descansa,	
	mientras destas caserías	
	llamo la gente, que salga	
	a entretenerte, y decirnos	645
	qué nuevas tienen.	

Flora	Turbada	
	estoy, que un temor me hiela,	
	una sospecha me abrasa,	
(Échase a dormir.)	y astrólogo el corazón,	
	no sé qué le avisa al alma.	650

33

(Ruido dentro.)

Carlos   Parece que se ha rendido
al sueño, y en él traslada
a sus hermosas mejillas
de los claveles la grana,
del jazmín la castidad,   655
mezclando púrpura y nácar.
Pero ¿qué rumor es este?
Desde aquellos montes bajan,
temerosos, los villanos,
que de su miedo se amparan.   660
¿Qué les obliga? Pues duerme
Flora, iré a saber la causa;
que, para darla cuidado,
no será bien despertarla.

Alonso (Dentro.)   ¡Huid, pastores, huid;   665
que el ejército de España
ya pisa vuestras riberas!

Otro   Pongamos fuego a las casas.

Otro   ¡A la villa!

Otro   ¡Fuego, fuego!

Flora (Despierta.) ¡Fuego, que el alma se abrasa! 670
¡Padre! ¡Hijo! ¿Qué es aquesto?
Sola estoy, no me acompañan
sino solo mis desdichas;
parece que no son hartas,
que aun para hacer compañía,   675

hacen las desdichas falta.
En un abismo de fuego
estoy, ¡ay cielos!, helada,
que al arbitrio del destino
no le obedecen las plantas.   680
Todo es iras el desierto,
toda es rayos la campaña,
todo es portentos la tierra,
todo es el cielo venganzas.
Tanto, encendiendo los aires,   685
a las nubes se levantan
las centellas, que parecen
estrellas desencajadas,
luces que al abismo bajan,
a sorberse todo el mundo,   690
sola la menor de tantas.

(Salen Alberto y Carlos.)

Alberto   Entre la piedad del fuego...

Carlos   Entre el rigor de las llamas...

Alberto   Vengo a buscarte.

Carlos   He venido
                 a verte.

Alberto   Oye lo que pasa.   695
                 A un lado de esa ribera,
                 un tercio emboscado estaba,
                 de suerte que no le vieron
                 las espías, que fue causa
                 de que estuviese la gente   700

agora tan descuidada.
Salió de allí y los villanos,
que así las órdenes guardan,
retirándose a la villa,
quemaron sus pobres casas.   705
¡Perdidos somos! Bredá
sin duda ha de ser sitiada,
después que de bastimentos
y gente ha quedado falta.
¡Huyamos, pues! ¿Qué esperamos?   710

Flora   De Grave salí por causa
de huir el peligro, parece
que vine a buscarle; ¡tanta
es mi contraria fortuna,
mi desdicha y mi desgracia!,   715
que el que ha de ser desdichado
las prevenciones le dañan.

(Dentro Ladrón.)

Ladrón   ¡Huid, villanos!

Alberto   Perdidos
somos; que ya su arrogancia
nos ha hallado.

(Sale don Fadrique.)

Fadrique   Más piedad   720
tiene el fuego que mi espada.

Flora   A tus plantas, español
generoso, que la gala

36

tuya lo dice, y el brío
no lo desmiente, a tus plantas   725
está pidiendo la vida
una mujer desdichada;
aunque, si eres español,
mujer que te diga basta.
No permitas que ese acero,   730
cuya cuchilla templada
está en la enemiga sangre
que ya le sirve de vaina,
se ocupe en tres inocentes
vidas, porque, ¿qué alabanzas   735
dará manchar este cuello,
estas tocas y estas canas?
Tres vidas están sujetas
a un golpe: si acaso alcanza
el orden que traes licencia   740
a una piedad tan hidalga,
danos las vidas. Yo quise
decirte, estaba turbada,
que a precio de algunas joyas,
piedras, perlas, oro y plata;   745
mas tu piadoso semblante
puso freno a mis palabras,
y a tanto respeto obliga
esa presencia bizarra,
que aun creo que el pensamiento   750
con ser tan veloz te agravia.
Y si el orden con que vienes
no admite este ruego, pasa
mi pecho el primero, así
moriré más consolada,   755
no mirándolos, porque
somos tres cuerpos y un alma.

Fadrique	Hermosa madama, cuando	
	mi desdicha fuera tanta	
	que me obligara el respeto	760
	a tan lastimosa hazaña,	
	le rompiera más el hecho;	
	que ninguna ley agravia	
	tanto que en la ejecución	
	sea la obediencia infamia.	765
	No he de ser menos cortés	
	que estas vividoras llamas,	
	que me están diciendo aquí	
	el respeto que te guardan.	
	Que, como en un templo a quien	770
	sacrílego fuego abrasa,	
	quedó entre muertas cenizas	
	la imagen libre, y la estatua	
	de la diosa, que allí tuvo	
	altar, sacrificio y ara;	775
	así por reliquia quedas	
	de todas estas campañas,	
	compitiendo fuego a fuego,	
	rayo a rayo y llama a llama.	
	No traigo más orden yo	780
	que llegar a las murallas	
	de Bredá, donde venimos.	
	Aquesas riquezas guarda,	
	y porque de otros soldados,	
	madama, segura vayas,	785
	dos caballos he traído.	
	Huid los dos, y a las ancas	
	del uno irás tú: españoles	
	son, no temas.	

Flora	No me espantan,	
	que pienso que cortesía	790
	saben los brutos de España.	

(Vanse y sale Ladrón.)

Ladrón	Tanto a todos te adelantas,	
	que el primero que ha llegado	
	a vista de las murallas	
	de Bredá, has sido, señor.	795

Fadrique	Pues si vengo en la vanguardia	
	del tercio de don Francisco	
	de Medina, cosa es clara	
	que había de ser el primero.	
	¿Mas qué triunfo, qué alabanza	800
	consigo de haberlo sido?	

Ladrón	Pues cuerpo de Dios, ¿no es nada	
	llegar hasta aquí? Yo apuesto	
	que si se cuenta en España,	
	que no falte quien replique,	805
	que nunca malsines faltan,	
	que el darte el lugar que tienes	
	es lisonja o alabanza.	

Fadrique	Carlos Quinto respondió,	
	diciéndole el duque de Alba,	810
	que temía no creyesen	
	algunos aquella hazaña	
	de haber con solos siete hombres	
	sujetado siete barcas:	
	«¿Qué importa que no lo crean,	815
	si a mí el ser verdad me basta?»	

Y eso mismo te respondo
en la ocasión que me aguarda,
cumpla con mi obligación,
que el que lo juzgue en España   820
por pasión o por lisonja,
no viene a quitarme nada.

(Sale Medina.)

Medina   ¡Cuál huyeron los villanos!

Alonso   ¡Oh, qué maldita canalla!
                Muchos murieron quemados,   825
                y tanto gusto me daba
                verlos arder, que decía,
                atizándoles las llamas:
                «Perros, herejes, ministro
                soy de la Inquisición santa.»   830

(Tocan.)

Medina   De la ciudad van saliendo
                en tropas algunas mangas
                de arcabuceros.

Fadrique   En tanto
                que llega la retaguardia,
                escaramuzar podremos   835
                con ellos, y para guarda
                podemos tomar aquestos
                molinos de viento y agua.

Alonso   ¿Molinos de viento? Ya
                me parece su demanda   840

40

aventura del famoso
don Quijote de la Mancha.

(Retíranse a un lado y salen Morgan y Justino.)

Morgan   ¡Ea, famosos flamencos!
              Hoy las vitoriosas armas
              muestren sangrientas que están   845
              siempre a vencer enseñadas.

Justino   No permitáis que así tomen
              puesto a vista de las altas
              torres de Bredá. Humillemos
              esta española arrogancia.   850

Fadrique   Pues si conocéis que somos
              españoles, ¿cómo aguarda
              vuestro valor que volvamos?
              Pues sabéis de veces tantas,
              que los españoles nunca   855
              vuelven con cobarde infamia
              de donde una vez llegaron.

Morgan   ¡Guerra, guerra!

Fadrique   ¡Cierra España!

(Pelean y vanse, y salen el Marqués Espínola y los demás.)

Espínola   ¿Qué rumor es aqueste que escuchamos?

Juan   Según en breves lejos divisamos,   860
              el tercio de Medina
              a la muralla tanto se avecina

que apoderado está de unos molinos,
a la puerta de Amberes tan vecinos,
que desde el muro, que asaltar promete,   865
distan no más que tiro de mosquete.

Espínola   Pues don Vicente Pimentel acuda
             luego al punto a ayudallos,
             con cuatro compañías de caballos.

Vicente   Ya, como ha descubierto lo restante   870
             del ejército nuestro, el arrogante
             escuadrón que a estorbarlos ha salido,
             y de quien hasta aquí se ha defendido,
             cobarde se retira.

Barlazón   Su ligereza admira.   875

(Sale Medina.)

Medina   Vitoria ofrece su temprana ruina.

Espínola   ¿Qué es eso, don Francisco de Medina?

Medina   A vista apenas de Bredá llegamos,
             cuando vueltas miramos
             todas las caserías,   880
             antes que en llamas, en cenizas frías;
             ¡tanta la actividad era del fuego!
             Divulgose la luz, y salió luego
             de la ciudad a defender el paso
             un valiente escuadrón que presumía   885
             sernos estorbo; mas la compañía
             de don Fadrique Bazán, que era
             de todas la primera,

42

de tal manera el puesto ha defendido...

Espínola   Don Francisco, no más; ya os he entendido.   890
No me alabéis a nadie que no quiero
parezcáis con verdades lisonjero;
yerra de que no han de agradecerse
a un hombre las acciones
a que nace obligado   895
un noble caballero, que el soldado
con empresas, trofeos y blasones,
no hace más que cumplir obligaciones:
luego ningún aplauso
en su alabanza nueva   900
si paga en sangre lo que en sangre deba.
Lo que yo haré será premiarles esto,
dando a los españoles ese puesto.
Y pues tan cerca de Bredá se vieron,
ya no será razón que atrás se vuelvan,   905
a sustentar el puesto se resuelvan,
pues a tomarle allí se resolvieron.

Fadrique   Y yo, que agradecido me confieso
por tal merced, a Vuexcelencia beso
las manos.

(Sale Alonso Ladrón.)

Alonso   A los muros ha salido   910
a vernos todo el pueblo.

Vicente   ¡Y qué lucido
nos muestra sus almenas,
de variedad y de hermosura llenas!

Alonso	Bien parece, guardando sus decoros,	
	terrado de Madrid en día de toros;	915
	pues verás, si la vista allá enderezas,	
	un alto promontorio de cabezas.	

(En lo alto Morgan y Justino, Flora y Laura, Carlos y Alberto.)

Laura	Llégate a ver el campo numeroso,	
	que es a los ojos un objeto hermoso	
	que suspende y divierte.	920

Flora	En nuestra ruina su rigor se advierte.

Espínola	El marqués Barlanzón con un trompeta	
	llegue de paz al muro,	
	y a su gobernador haga seguro	
	el intento que tengo,	925
	y con la gente a sitiarle vengo;	
	que, si quiere entregarse,	
	y en buena guerra a tal partido darse,	
	se admitirá; y si no se rinde luego,	
	le tengo de abrasar a sangre y fuego.	930

Barlanzón	Toca, trompeta, y vámonos llegando.

(Tocan.)

Justino	De paz se va a los muros acercando	
	con un trompeta un hombre.	
	Haré que mi respuesta les asombre.	

Morgan	Si es en la guerra ceremonia usada	935
	pedir así partidos,	
	muertos nos han de ver, y no vencidos.	

44

            Al cañón prevenido el fuego apresta,
            y lléveles su muerte la respuesta.

(Disparan.)

Espínola   Del muro dispararon.   940

Vicente   Y a Barlanzón en el suelo derribaron.

Juan   Herido y arrastrando por la tierra,
                se va acercando más.

Espínola   A retiralle,
                valientes caballeros, acudamos.

Alonso   Téngase Vuexcelencia, que aquí estamos   945
                mil soldados que iremos,
                y la ciudad y todo nos trairemos.

(Vanse algunos a retiralle.)

Espínola   Bien nos ha recibido
                Bredá; yo pienso que esta salva ha sido
                adelantada y gloria,   950
                que publica con fiesta mi vitoria.

(Sacan a Barlazón en hombros.)

Fadrique   ¿Qué fue, Marqués?

Barlazón   ¿Ha visto Useñoría
                por ahí ciento y cincuenta
                diablos que llevan una pierna?
                Pues eso fue, no es nada,   955

una pierna no más de una bolada.
¿Qué piensan estos perros luteranos?
¿Piernas me quitan y me dejan manos?

Espínola Retírese el Marqués, ioh cielo, cuánto
sentí su pena!, en tanto   960
que en tres partes su ejército dispongo
y al señor don Gonzalo le propongo
el intento que tengo prevenido;
que yo, de sus consejos advertido,
de mi celo ayudado,   965
en la fe de Filipo confiado,
vencer dichoso espero,
y más cuando al principio considero
que es tan dichoso el día
en que tan alta empresa determino; 970
pues día de Agustino
será felice contra la herejía,
porque el piadoso celo
desta divina hazaña
dé triunfos a la fe, glorias al cielo, 975
opinión a Filipo y honra a España.

Fin de la primera jornada

JORNADA SEGUNDA

Salen descubriendo a Espínola en una tienda escribiendo, y Ladrón a un lado.

Espínola	Alonso.
Alonso	Señor.
Espínola	Ninguno llegue a hablarme, porque tengo mil cosas que despachar a España, cuando me veo cercado de obligaciones 5 y de mil cuidados lleno.
Alonso	Manda que no hagan ruido en la ciudad; porque pienso que no te deje escribir el que tienen allá dentro. 10
Espínola	¿Cómo?
Alonso	Están haciendo señas desde esos muros soberbios con chinillas de a cincuenta libras de plomo, lloviendo sobre nosotros granizo 15 de pólvora, tan espeso que estorba el humo a la vista más que la ilumina el fuego.
Espínola	Al ruido escribiré, que si en Julio César leo 20

que en la guerra le tocaban
un harpa, a cuyos acentos
escribía sus vitorias,
yo que vitorias no tengo
escribiré mis cuidados,   25
incitados de los ecos
del bronce, si no más dulce,
más apacible instrumento.

(Disparan.)

Alonso   ¡No es nada! Todos los diablos
                        deben de andar allí dentro;   30
                        que tanto fuego no puede
                        salir sino del infierno.

Espínola   Esta la Gaceta es
                        por donde advertirme quiero.
                        Dice así: «Milán. El duque   35
                        de Feria, gran caballero,
                        salió con veinte mil hombres».
                        Y no es el mundo pequeño
                        trofeo de su valor.

(Disparan.)

Alonso   ¡Oh, cuál silban por el viento   40
                        los pajaritos de plomo!

Espínola   «Nápoles. El de Alba ha puesto
                        toda su gente en campaña.»
                        ¡Que nunca guerras se vieron
                        sin señor deste apellido   45
                        ni soldado de Toledo!

(Disparan.)

Alonso   Tira, que un doblón te cuesta
                      cada tiro. Este consuelo
                      no me le podrás quitar.
                      Juro a Cristo que me huelgo.   50

Espínola   «El Brasil. Las dos armadas
                      desde Lisboa salieron
                      con la más lucida gente
                      que se ha visto.» ¡Quiera el cielo
                      tengan el fin que desean!   55
                      «Génova (con temor leo)
                      oprimida está del duque
                      de Saboya, porque ha puesto
                      su campo a dos leguas della,
                      y aun llegado su esfuerzo...»   60
                      Yo sé bien que no llegara,
                      si yo estuviera. Mas vuelvo
                      a mirar dónde llegó.
                      «A la montaña que ha puesto
                      naturaleza por guarda   65
                      de sus edificios, siendo
                      rústico muro que sirve
                      de coluna al firmamento.»
                      Perdone el valor, la envidia
                      perdone, si me enternezco   70
                      con tal nueva, que tal vez
                      es valor el sentimiento;
                      y mi patria me perdone,
                      si visto bruñido acero
                      y no es en defensa suya;   75
                      que aunque tuviera por cierto

que había, caso imposible,
de ser humilde trofeo
de las vencedoras armas,
que tantas veces pudieron 80
serlo de España, piedad
de su generoso pecho.
Y aunque supiera también
que bastara a defenderlo
mi persona, no dejara 85
la empresa que en Flandes tengo,
por mi patria, por mi honor,
ni por mi vida. No puedo
al Rey servirle con más,
ni agradecerle con menos. 90
Génova tiene su amparo,
pues, ¿qué temor, qué recelo
puede ocuparla, si solo
el nombre de España ha puesto
terror al mundo, tocando 95
con sus manos sus extremos?
Díganlo Italia, el Brasil,
y Flandes, que a un mismo tiempo
embarazados con guerras,
su poder están diciendo. 100
¿Qué mucho, pues, que un monarca,
que a un tiempo tiene docientos
mil hombres en la campaña,
peleando y defendiendo
la fe, pida a sus vasallos 105
ayuden al justo celo,
sirvan a la acción piadosa
de tan religioso efeto?
El alma y la vida es poco,
que la hacienda de derecho 110

natural es suya; aunque
a su dilatado imperio
sirva de testigo el Sol,
sin que le falte un momento.

(Sale un Ingeniero.)

Ingeniero   ¿Qué hace su Excelencia?

Alonso   Agora   115
su Excelencia está escribiendo.
No puede hablarse.

Ingeniero   Mandome
que ahora viniese.

Espínola   ¿Qué es eso?

Alonso   El ingeniero está aquí.

Espínola   Ve tú, llámame al momento   120
a don Gonzalo Fernández
de Córdoba, porque tengo
que aconsejarme con él.
Vaya diciendo, maestro,
¿en qué estado están las barcas?   125

Ingeniero   Señor, doce barcas tengo...

Espínola   Bien le oigo, pero escribo,
porque no perdamos tiempo.

Ingeniero   Sobre el río fabricadas,
que llaman barcas de fuego.   130

Espínola	Ya sé del modo que son.
	Tiene cada una dentro
	gran turba, que así se llama,
	de piedras, árboles gruesos,
	peñascos, piezas quebradas,
	tierra, vigas, plomo y hierro.
	Estas tienen solo un hombre
	cada una; y él, en viendo
	que se acerca el enemigo,
	no hace más que pegar fuego,
	y arrojarse al agua; ella
	empieza a encenderse luego,
	arrojando de sí cuanto
	encierra su vientre y siendo
	un Etna de fuego horrible.
Ingeniero	Estas tienen solo un riesgo.
Espínola	Es, ¿que no vengan a nado
	los enemigos? Ya siento
	la ocasión, las mismas armas
	nuestras les sirvan a ellos.
Ingeniero	Sí, pero un remedio tiene.
Espínola	Eso se remedia haciendo
	una estacada en el río
	de muchos árboles, puestos
	en puntas unos con otros,
	llenos de puntas de acero,
	para que topando en ellas
	ovas o hombres, al momento
	se hagan dos mil pedazos.

135

140

145

150

155

¿No quiere decirme esto?   160

(Salen don Gonzalo y Ladrón.)

Gonzalo   ¿Qué me manda Vuexcelencia?

Espínola   Vaya a trabajar, maestro,
               yo iré por allá después.
               Señor, un negocio quiero
               tratar con Vuexcelencia,   165
               para tomar su consejo.
               La señora Infanta escribe
               que ha sabido por muy cierto
               que el príncipe de Polonia
               viene a Flandes, con intento   170
               de ver el sitio famoso
               que a Bredá tenemos puesto.
               Vuexcelencia me diga,
               ¿qué entrada, recibimiento
               y salva le hemos de hacer?   175
               Advirtiendo que es afecto
               a España, y que en Roma ha estado
               de su parte, y después desto,
               que es Príncipe soberano
               y señor de dos imperios.   180

Gonzalo   Pues lo que se debe hacer
               es que el de Vergas, fingiendo
               una batalla trabada,
               saque en su recibimiento
               toda la caballería   185
               dos leguas de Bredá, luego
               el conde de Salazar
               tenga los arcabuceros

a una legua, y con la salva
real le reciban, haciendo   190
que al punto la artillería
responda en confusos ecos.
Junto a la tienda, señor,
de Vuexcelencia, al derecho
lado se levante otra,   195
donde al Príncipe esperemos
los maeses y capitanes,
los cabos y los sargentos,
con Vuexcelencia; después
en sus acciones veremos   200
lo que se debe advertir.

Espínola   Paréceme buen acuerdo.

(Sale don Vicente.)

Vicente   Otra vez han intentado
                  hacer con un terrapleno
                  los de la muralla un dique;   205
                  y debe de ser su intento,
                  que como las ondas bajan
                  retardando y deteniendo
                  su curso, venga a verter
                  sobre el ejército nuestro   210
                  todo el río y anegarnos.

Gonzalo   Vuexcelencia para esto
                  puede hacerle nuevas madres
                  al río, para que al tiempo
                  que se vaya rebalsando,   215
                  tomando otro curso nuevo
                  no pueda ofendernos.

Alonso	Yo	
	diera un arbitrio más bueno	
	para impedirlo.	

Espínola	Y, ¿cuál es?	

Alonso	Pusiera allí los tudescos,	220
	y dijérales: «El dique	
	que veis se derribe luego	
	o moriremos ahogados».	
	Que yo aseguro que ellos,	
	por no beber agua, vayan	225
	a derribarlo al momento.	

(Sale Barlazón con pierna de palo.)

Barlanzón	Señor, unas buenas nuevas	
	traigo.	

Alonso	Y aun no es caso nuevo	
	que, siendo buenas, caminen	
	con pies de palo.	

Espínola	Ya espero	230
	a saber qué son.	

Barlazón	Enrique	
	de Nasau su gente ha puesto	
	a la vista nuestra y dice	
	que ha venido con intento	
	de meter en la ciudad	235
	socorro. Agora veremos	
	si esto es guerra o si es estarnos	

con las manos en el seno.

Espínola	El conde de Salazar	
	salga a campaña al momento	240
	con el escuadrón volante,	
	y estense los tercios quedos,	
	vengan por donde vinieren;	
	que no será buen acuerdo,	
	por acudir a una parte,	245
	las otras desamparemos.	

(Sale don Fadrique Bazán.)

Fadrique   Por la tierra y por el agua
             quieren meter el sustento
             dentro de la fortaleza.

Espínola   Pues, don Fadrique, ¿qué es eso?   250

Fadrique   Barcas vienen por el río
             con gente y socorro.

Espínola   Esto
             me da más cuidado. Al punto
             sobre aquel fuerte que ha hecho
             Pablo Ballón, cuatro piezas   255
             se pongan. ¡Pluguiera al cielo
             tuviera yo la estacada
             hecha, que yo sé cuán presto
             se volvieran!

Fadrique   Pues, ¿qué aguardas
             para que se haga?

Espínola	Temo	260
	que han quedado los soldados	
	sin fuerzas y sin aliento	
	de las fortificaciones	
	hechas en tan breve tiempo,	
	y no querrán trabajar.	265
Vicente	Pues cuando no quieran ellos,	
	¿aquí no estamos nosotros?	
Fadrique	¿Qué esperamos, caballeros?	
	Nosotros hemos de ser	
	a esta facción los primeros.	270
Gonzalo	Así a nuestra imitación	
	veréis como acuden luego	
	los soldados.	

(Toman todos espuertas, azadones y hachas.)

Fadrique	Vengan hachas	
	y azadones, poblaremos	
	ese caudaloso río	275
	destos árboles, haciendo	
	las ondas senda inconstante	
	a los suspiros del viento.	
Vicente	Esta amena población	
	de los montes traslademos	280
	a las olas, y parezcan	
	errantes bosques amenos.	
Gonzalo	Unos corten y otros lleven	
	los secos árboles.	

(Disparen y cae la tienda.)

Alonso	¡Cielos!,	
	desquiciados de los polos	285
	se trastorna el firmamento.	
Espínola	Una bala es que se ha entrado,	
	derribando y deshaciendo	
	grande parte de mi tienda.	
Barlazón	¡Miren qué poco respeto!	290
	¡Sin licencia se nos entran	
	a conversación!	
Espínola	A los cielos	
	doy gracias que vivo estoy.	
Alonso	Si no te hizo mal, lo mismo,	
	aunque haya dado a tus plantas,	295
	fuera haber dado en Toledo.	
Espínola	¡A la estacada, soldados!	
Fadrique	Ya los españoles puestos	
	están para trabajar.	
Vicente	Ya los rudos instrumentos	300
	truecan las doradas armas.	
Espínola	¡Oh españoles, oh portentos	
	de la milicia y asombro	
	del mismo Marte! Yo espero,	
	en vuestro valor fiado,	305

que he de unir los dos imperios,
siendo escudo de Filipo
el águila de dos cuellos.

(Vanse, y salen Laura y Flora.)

Laura   Es la fama Sol que dio
en una sutil vidriera;   310
pues aunque el Sol quede fuera,
el resplandor penetró.
A mis oídos llegó,
guardándome a mí el decoro
que en estos casos ignoro,   315
el nombre de un caballero
que no le he visto y le quiero,
no le conozco y le adoro.
Mas para informarme dél,
si es mi pena venturosa,   320
baste que es, ¡oh Flora hermosa!,
español y Pimentel.
Aquel agrado y aquel
noble y discreto apellido,
¿qué pecho no le ha rendido?,   325
¿qué gusto no se ha inclinado?,
¿qué libertad se ha negado?,
¿qué afición se ha resistido?

Flora   Parecidas, Laura, son
tu desventura y la mía.   330
Libre del amor vivía,
cuando su dulce pasión
hizo en el fuego impresión;
pues en abismo tan fiero
yo vi un cortés caballero,   335

que, aunque en el alma le imprimo,
no sé quién es y le estimo,
no le conozco y le quiero.
Y porque las dos estemos
satisfechas en los daños   340
de los confusos engaños
que igual las dos padecemos...
Mas ¿qué notables extremos
nos causan nuevos enojos?

(Sale Estela.)

Estela   Esos hermosos despojos,   345
                esparcidos por el viento,
                den suspiros a mi aliento,
                den lágrimas a mis ojos.

Flora   Estela, ¿qué es esto? ¿Así
                haces extremos tan graves?   350

Estela   Tú que me consuelas, ¿sabes
                la causa que tengo?

Flora   Sí,
                sí la sé, pues que perdí
                la libertad que perdiste,
                vi los rigores que viste,   355
                y lloro tu mismo mal;
                porque es a todos igual
                una desdicha tan triste.

Estela   Según eso, ¿ya has sabido
                el bando que han publicado   360
                Morgan y Justino?

Flora	Ha estado	
	suspenso y mudo el sentido,	
	en sus penas divertido.	
	Pero, ¿qué nueva impiedad	
	mandan?	

Estela	Que de la ciudad	365
	salgan, ¡qué torpes consejos!,	
	los mancebos y los viejos	
	que tuvieren en su edad	
	a menos de quince años	
	y a más de sesenta.	

Flora	¡Ay Dios!	370
	Que en ese bando los dos,	
	padre y hijo, que mis daños	
	con amorosos engaños	
	hacen dulces, comprehendidos	
	están.	

Estela	Hoy verás perdidos	375
	consuelos tan desdichados,	
	pues hoy saldrán desterrados,	
	de su patria aborrecidos.	
	Mas ¿para qué a decir llego	
	lo mismo, Flora, que ves?	380

Flora	Si esta mi desdicha es,	
	ya en mis lágrimas me anego.	

(Salen Morgan tras el padre, Justino tras el hijo.)

Morgan	Salid de la villa luego.

Alberto	¡Ay de mí! ¿Podré sufrir mi muerte?
Justino	Habéis de salir. 385
Carlos	Señor, advierte...
Justino	Ya está advertido.
Flora	¿Quién podrá tantos golpes resistir? ¿Posible es que sus tiranas fuerzas no templen sus daños 390 a la piedad destos años y al respeto destas canas? Las fieras más inhumanas tienen respeto y amor; pues, ¿qué furia, qué rigor, 395 con injusto parecer, hoy ha pretendido hacer nuestra desdicha mayor? ¿Qué importa una y otra vida tan triste, tan desdichada, 400 una, sin razón cortada; otra, sin razón rompida? Del céfiro la atrevida furia marchita el candor del más vivo resplandor; 405 que no es trofeo bastante, Justino, una flor infante, Morgan, una helada flor.

Justino	Madama, piadoso intento,	
	que no cruel, los destierra;	410
	que inútiles en la guerra,	
	no han de comer el sustento	
	de aquellos cuyo ardimiento	
	hoy resistirse pretende	
	al poder que nos ofende;	415
	porque un viejo nos lastima,	
	un niño nos desanima	
	y un soldado nos defiende.	
	Minando una peste va,	
	de que estamos todos llenos;	420
	y siendo la gente menos,	
	menos su furia será,	
	el sustento durará	
	más ya; que esto se imagina	
	en la dieta medicina,	425
	porque no llegue a tocar	
	la peste al cuerpo, a cortar	
	un brazo se determina.	
	Y en reparo natural,	
	cuando un golpe se endereza	430
	a herirnos en la cabeza,	
	la mano acude leal	
	como parte principal.	
	Así resistir podremos	
	estos bárbaros extremos;	435
	que es bien, pues tales estamos,	
	porque todos no muramos,	
	que la mitad nos matemos.	
	Y porque los expelidos	
	quejas no puedan tener,	440
	tu hijo y padre han de ser	
	en el bando comprehendidos.	

Pero a tus quejas movidos,
viendo que la pena airada
se mira en ti duplicada,   445
quiero en tan triste fortuna
seas comprehendida en una,
y en otra privilegiada.
Escoge, presentes tienes
los dos, y siendo hija y madre,   450
tienes hijo y tienes padre.
Determina a quién previenes
la vida, y si te detienes,
quizá no tendrás lugar.
Sola te quiero dejar,   455
en tanto que a arrojar voy
el puente, un hora te doy
para poderlo pensar.

(Vanse Morgan y Justino.)

Flora   ¿Adónde podré volver,
               ¡cielos!, en tantos enojos,   460
               si a todas partes los ojos
               tienen desdichas que ver?
               ¿A quién he de responder
               cuando me llaman iguales
               dos afectos principales,   465
               dos impulsos diferentes,
               dos aprehensiones vehementes,
               dos acciones naturales?
               No sé qué hacer, ¡ay de mí!
               Mi vida o mi muerte ignoro.   470
               Aquí me llama el decoro
               de padre, el amor allí
               de hijo, de aquel recibí

el ser, que he de conocer;
pero a aqueste le di el ser,   475
que he de aumentar generosa.
¿Qué elección es más piadosa,
obligar o agradecer?

Carlos   ¿Qué es lo que dudosa y triste
esperas para nombrarme?   480
Pues a mí puedes quitarme
la vida que tú me diste;
no aquel ser que recibiste
puedes en esta ocasión
negar, y es más noble acción   485
asistir con la piedad
antes que a la voluntad,
señora, a la obligación.

Alberto   Si a la obligación debemos
asistir siempre, ¿no ves   490
que, aumentar nuestro ser, es
la obligación que tenemos?
Todos con esta nacemos,
y así debes acudir
a tu hijo, y eligir   495
su vida, porque la mía
es sombra caduca y fría,
cuando él empieza a vivir.

Carlos   Porque empiezo, debo ser
quien de Flora se despida;   500
pues teniendo menos vida
tengo menos que perder.

Alberto   De otra suerte has de entender

ese modo de decir,
de pensar y discurrir,   505
con que convencido estás;
pues quien ha vivido más
tendrá menos que vivir.

Carlos   Un árbol marchito vi
del Sol a las luces rojas,   510
y vi cortarle las hojas
porque viva el tronco así.
Rama de ese tronco fui,
muera yo y la planta viva.

Alberto   También veo al que cultiva   515
campos, si bien te aconseja
que el tierno pimpollo deja,
y el seco tronco derriba.

Carlos   ¿No ves, Alberto, ese río
que por opuesto lugar   520
del mar sale, y vuelve al mar
como a centro helado y frío?
Pues así este curso mío
a ti ha de volver. Tú fuiste
mar, que tus ondas me diste,   525
de ti he nacido; y así
es justo que vuelva a ti
a darte el ser que me diste.

Alberto   ¿Y tú no ves el farol
que el mundo de rayos dora,   530
que entre la noche y la aurora
muere el Sol y nace Sol,
y siempre es un arrebol,

	siempre es una llama ardiente?	
	Así una vida consiente	535
	en dos una luz entera,	
	y es bien que en mi ocaso muera	
	para que nazca en tu oriente.	

Carlos   Yo soy joven, y tal vez
resistiré osado y fuerte.   540

Alberto   Yo no temeré la muerte,
pues ya he visto a la vejez.

Carlos   Madre...

Alberto   Hija...

Flora   ¿Qué juez
se vio en las dudas que lucho?
Mi dolor, mi llanto escucho,   545
pues en tanta confusión
el que tiene más razón
es el postrero que escucho.
Cuando un acero se entrega
a dos imanes, ¡ay Dios!,   550
porque su violencia a dos
le inclina, a ninguno llega;
por darse a los dos, se niega;
y en trance tan importuno
respondiera solo a uno;   555
mas si dos causas me inflaman
el pecho, porque me llaman
dos, no respondo a ninguno.

(Sale Morgan.)

| Morgan | Dime, Flora, si eligió
| | alguno tu voto. |

| Los dos | Sí. | 560 |

| Morgan | ¿Y a quién has nombrado? |

| Juntos | A mí. |

| Morgan | ¿Quién va desterrado? |

| Juntos | Yo. |

Flora   Escucha, Morgan, que a uno
          hice de mi voto empleo;
          que cuando nombrar deseo   565
          el uno, y me determino,
          al primero que me inclino,
          es al postrero que veo.
          Pero si atento al juicio
          de mi voz el mundo está,   570
          en mis extremos verá
          que doy de mi honor indicio.
          Sea triste sacrificio
          un hijo al piadoso altar
          de un padre, porque al juzgar   575
          en tan grande confusión,
          será más noble elección
          agradecer que obligar.
          Carlos, Carlos, tú has de ser
          de mis brazos desterrado,   580
          tú, ciegamente entregado,
          de la villa has de salir.

Carlos	Yo voy contento a morir.
	Dame, madre, mil abrazos
	antes que tan breves lazos
	pueda la muerte romper,
	puesto que no me he de ver
	otra vez en estos brazos.
Morgan	Vamos, pues.
Alberto	A mi dolor
	ninguna desdicha iguala;
	¿qué sentencia fuera mala,
	si trujo tanto rigor
	la sentencia en mi favor?
	¡Oh, mal haya la importuna
	estrella, que sin ninguna
	piedad me influyó al nacer
	larga vida, para ser
	objeto de la fortuna!
	¡Plega a Dios que en sus historias,
	Bredá, escriban mil naciones
	con tus ruinas sus blasones,
	con tu sangre sus vitorias!
	Cubra el olvido tus glorias,
	y si alabanzas deseas,
	postrados tus muros veas;
	corra sangriento el confín
	tu misma sangre, y al fin
	desierta campaña seas.
	¡Esas azules banderas,
	que aspas queman en las luces
	del Sol, con las rojas cruces
	entapicen sus esferas!

585

590

595

600

605

610

¡A tus mismas ansias mueras,
siendo una venganza extraña
fin desta infelice hazaña!   615
Y porque todo lo tengas,
¡plega a los cielos que vengas,
Bredá, a ser del rey de España!

(Vanse.)

(Sale el Príncipe de Polonia y Espínola, y todos los que pudieren acompañándolos, atabales y trompetas, y al cabo chirimías, cuando salgan el de Polonia y Espínola.)

Espínola   Venga tu Alteza, ¡oh Príncipe excelente!,
cuya vida felice, cuyo Estado   620
en quieta paz, en dulce unión se aumente
a lo voraz del tiempo reservado.
Venga tu Alteza venturosamente
en alas de su fama celebrado,
desde el dosel de su templada corte   625
a los helados piélagos del norte.
Aquí su fama vivían segura
las edades del pájaro fenicio,
que en llamas de su amor, en lumbre pura,
a su misma deidad es sacrificio   630
de aquel que se labró la sepultura
y cuna se labró, dándose indicio
de inmortal, viendo que es prodigio humano,
ascua y ceniza, pájaro y gusano.
Que yo, con verme a tus divinas plantas,   635
dueño me juzgaré de las estrellas,
sin prevenir la indignación de cuantas
tristes influyen, predominan bellas;
que si a tan alta esfera me levantas,

	¿qué oposición podrán hacerme aquellas	640
	sustitutas del Sol, que en su porfía	
	son mariposas de la luz del día?	

Príncipe   Vivas, ¡oh Ambrosio!, cuyo brazo fuerte
es repetido Marte en la campaña,
dando al mundo terror, miedo a la muerte,   645
a Génova opinión y honor a España,
vivas la edad del Sol, en quien se advierte
un fénix celestial, que en rayos baña
las plumas, con que nueva vida adquiere,
pues nace en vós cuando en otros muere.   650
Que yo, después de haberte conocido,
ni glorias más ni más honor deseo;
que en tu presencia solo he conocido
más triunfos que imperios mil poseo.
¡Felice patria aquella que ha tenido   655
siempre tan celebrado su trofeo!
¡Felice por sus hijos su decoro!

Alonso [Aparte.]   Y más felice por su plata y oro.

Príncipe   ¿Quién es aquel prudente, aquel famoso
a quien la fama superior confiesa   660
a Trajano valiente y vitorioso,
en cuyos hombros dignamente pesa
el imperio español, el valeroso
don Gonzalo de Córdoba?

Gonzalo   El que besa
tus plantas, al favor agradecido,   665
soberbio ya de haberle merecido.

Príncipe   ¡Vive Dios, don Gonzalo, si tuviera

un vasallo mi imperio, que segundo
a vuestro invicto abuelo conociera,
como en vós reconoce, con profundo 670
valor y ánimo heroico, no estuviera
reservada a mi imperio en todo el mundo
parte, desde la India a la Noruega,
donde se ofrece el Sol, donde se niega!
¿Y en qué estado, Marqués, está la fuerza? 675
¿No se rinde la villa?

Espínola   Es imposible
que se pueda ganar jamás por fuerza;
que es su muro, señor, inacesible.
Mas no será posible que se tuerza,
mi pretensión altiva y invencible; 680
pues ha de ser de España, ¡vive el cielo!,
o mi sepulcro este flamenco suelo.

Príncipe   ¿Y qué nuevas de dentro habéis tenido?

Espínola   Vuestra Alteza advirtió como soldado,
                algunos que rindiéndose han venido, 685
                buenos principios de la entrega han dado.
                Bastante indicio de su hambre ha sido
                haber niños y viejos desterrado;
                pero al salir, yo les salí al encuentro,
                hice otra vez que se volvieran dentro; 690
                que, teniendo en el río la estacada,
                imposible es socorro por la tierra.
                No tengo ya que recelarme en nada,
                pues ellos mismos se han de hacer la guerra.
                Mientras la gente es más que está sitiada, 695
                más la vitoria en mi esperanza cierra;
                ni las asalto ni combato el muro,

que estoy con más contrario más seguro.

Príncipe	No vi en mi vida tal razón de Estado.

Espínola   Descanse agora un poco Vuestra Alteza;   700
saldrá después, donde con más cuidado
los cuarteles verá y su fortaleza;
y de todos sus puestos informado
podrá advertirme con la sutileza
de su ingenio, porque con alta gloria   705
todos tengamos parte en la vitoria.
Vuestra Alteza descanse: Señor conde
de Salazar, Vueseñoría puede
al Príncipe asistir.

Luis   Bien corresponde
a mi cuidado el cargo que concede   710
Vuexcelencia, señor.

Espínola   Yo voy a donde
ordene los cuarteles, porque quede
admirado de ver grandeza extraña.

Príncipe   El mayor rey del mundo es el de España.

(Sale el Sargento mayor.)

Luis   El Sargento mayor hablarte quiere.   715

Sargento   Vengo a que Vuestra Alteza me dé el nombre.

Príncipe   ¿Qué nombre os he de dar?

Sargento   El Marqués quiere

que Vuestra Alteza, y esto no le asombre,
gobierne todo el tiempo que estuviere
en su ejército.

Príncipe		
	Digno de renombre	720
	es el Marqués, decilde que yo debo	
	esta lisonja; mas que no me atrevo	
	a suplir la prudente fortaleza	
	de su ingenio, y es fuerza divertirme	
	de peso que oprimió tanta grandeza.	725

Sargento   Orden expresa tengo de no irme
             hasta que lleve el orden de tu Alteza.

Príncipe   Pues no puedo a sus cargos eximirme
             es bien que a obedecerle me anticipe.
             Llegad, Sargento. El nombre es San Felipe.   730
             ¡Por cuántos modos tiene lisonjeros,
             aunque corteses, la lisonja entrada!
             ¡Qué bien España hospeda forasteros!

(Disparan.)

Luis   Y aun es en hospedarlos desgraciada.

Príncipe   ¿Qué salva es esta agora, caballeros?   735

Luis   La vianda, que pasa aderezada
             donde te está esperando.

Príncipe   ¡Oh españoles,
             de cortesía y de milicia soles!

(Vanse.)

(Quédanse don Vicente y don Fadrique y Ladrón.)

Fadrique   Con la libertad que ofrecen
las treguas al bronce dadas,   740
las murallas coronadas
de hermosas damas parecen.

Vicente   Vámonos llegando al muro,
donde todos los soldados,
galanes y enamorados,   745
se acercan con el seguro
que tanta quietud consiente.

Fadrique   Dos damas hermosas vi
hacia esta parte.

Alonso   Y aquí
advierta el piadoso oyente   750
que esto desta suerte pasa,
cuando la guerra está quieta,
y que no pone el poeta
la impropiedad de su casa.

(Salen a la muralla Flora y Laura apartadas.)

Flora   Yo vengo en esta ocasión   755
a la muralla, por ver
a quien he de agradecer
aquella pasada acción
de haberme vuelto a mi hijo
a mis brazos.

Laura   Y yo vengo   760

por ver si en algo entretengo
el dolor en que me aflijo.

Vicente   Llegaos vós a aquella parte,
que en esta me quedo yo.

Fadrique   Mil veces el cielo vio   765
juntos a Venus y a Marte;
y así no es notable error
que hagan unión tan segura
el rigor con la hermosura,
la guerra con el amor.   770

Laura   Los que le fingen valiente,
para que el nombre le cuadre,
le dan a Marte por padre,
que su orgullo no consiente
ser hijo de un vil herrero.   775

Flora   Vós no debéis de saber
las leyes que ha de tener
por precepto el caballero
que aquí se fingiere amante.

Vicente   Sí sé.

Flora   ¿Sois español?   780

Vicente   Sí. ¿En qué lo visteis?

Flora   Lo vi
en que sois tan arrogante.
No queréis ignorar nada,
todo a su brío lo fía

	la española bizarría,	785
	con presunción confiada.	
Alonso	Aunque os habéis engañado,	
	¿quién argüiros podrá?	
	Cuando vuestro ingenio está	
	aquí tan sutilizado,	790
	que la agudeza que escucho	
	no es muy grande.	
Flora	¿En qué lo veis,	
	soldado?	
Alonso	En que no coméis,	
	y el hambre adelgaza mucho;	
	tanto, que es obligación	795
	que cualquiera sea discreta.	
Flora	¿Y por qué?	
Alonso	Porque en la dieta	
	tenéis voto y opinión.	
Flora	Con el hambre a veces lucho,	
	que vós no sufrierais quedo.	800
Alonso	¿En qué lo veis?	
Flora	En el miedo,	
	que el miedo acredita mucho	
	las cosas, y se os hiciera	
	mucho mayor de lo que es.	
[Aparte.]	Mas, alma, ¿qué es lo que ves?	805
	¡Ay pena celosa y fiera!	

77

	Con Laura está el caballero	
	que a mí la vida me dio.	
	No fui tan dichosa yo,	
	entre amor y celos muero.	810

Laura   ¿Cómo os llamáis?

Fadrique   Don Fadrique
                      de Bazán me llamo.

Laura [Aparte.]   ¡Ay Dios!
                      No sois el fingido vós,
                      con lo imposible me engaño:
                      ¿cómo sabré si es aquel   810
                      don Vicente Pimentel?

Fadrique [Aparte.]   O finge a la vista engaño
                      la muralla desde aquí,
                      o aquella la dama es
                      a quien piadoso y cortés   820
                      vida en los casares di.
                      ¿Cómo la pudiera hablar?

Flora [Aparte.]   (Yo no puedo sufrir, ¡cielos!,
                      a mis ojos tantos celos.
                      Trocaré a Laura el lugar.)   825
                      ¡Ah Laura! ¿Queréis feriarme
                      ese lugar por el mío?
                      Que de cierto desvarío
                      pretendo así asegurarme.

Laura   Sí. Dad licencia, que os doy   830
                      la palabra de volver.
[Aparte.]   Así pretendo saber

si es aquel.

Fadrique   Como quien soy
                            que no he visto, don Vicente,
                            mujer en toda mi vida   835
                            tan cortés, tan entendida,
                            tan hermosa y tan prudente.
[Aparte.]   Troquemos lugar. (Así
                            le obligaré que me dé
                            el que deseo); porque   840
                            gocéis de su ingenio aquí
                            un rato.

(Truécanse todos.)

Vicente   De buena gana,
                            y aun la dama y todo os diera,
                            porque esta es muy bachillera,
                            muy presumida y muy vana.   845

Flora   Faltándoos dama tan bella,
                            diréis gallardo español
                            que en el ausencia del Sol
                            os ha salido una estrella.

Vicente   No diré, pues advertido   850
                            en engaño tan confuso,
                            Sol, que una vez se me puso,
                            otra vez me ha amanecido.

Flora [Aparte.]   ¡Ay de mí! En vano procura
                            amor nuevas glorias ya   855
                            con mudarse, que no está
                            en el lugar la ventura.

Laura	Mil deseos que en mí están	
	luchando por conoceros,	
	me traen, caballero, a veros.	860
Fadrique	Don Fadrique de Bazán	
	os dije que me llamaba,	
	y aquesto os vuelvo a decir,	
	que no tengo de mentir.	
Laura	Pues, ¿qué causa os obligaba	865
	a mudaros?	
Fadrique	La que a vós.	
Flora	Siempre los discursos van	
	a su principio, si están	
	en un pensamiento dos.	
Alonso	¿Y qué es vuestro pensamiento	870
	en las mudanzas que hacéis?	
	Sin duda fantasmas veis	
	con el desvanecimiento.	
Flora	Si os tengo de responder,	
	llegaos más, porque os entienda.	875
Alonso	¿Llegarme? ¡Dios me defienda!	
	Que eso es lo que no he de hacer.	
Flora	Pues parlar no será justo,	
	que a mí dar voces me cueste.	
Alonso	Sí, que estáis llenas de peste,	880

aunque es peste de buen gusto.

Flora
En mí aquesos accidentes
no se dejan conocer.

Alonso
No, que si no hay que comer,
no echareis menos los dientes.   885
Pero confesadme a mí
si el amor la causa fue
desta mudanza.

Flora
                              No sé
cómo deciros que sí.

Alonso
Hambre y amor imagino   890
en este instante, ¡por Dios!,
que debéis de ser las dos
damas de hijos de vecinos.

Flora
¿Por qué?

Alonso
                    Las más celebradas,
en necedades tan ciertas,   895
siempre las veo muy muertas
de hambre y muy enamoradas.
Pero ¿qué ruido es aquel,
de cajas y de trompetas?

(Tocan cajas.)

Fadrique
El príncipe de Polonia,   900
que ya sale de la tienda
a visitar los cuarteles.
Dadnos, señoras, licencia.

Flora	¿Volveréis a vernos?
Fadrique	Sí. ¿A qué horas?
Alonso	A cualquiera, 905 si no es a la del comer, porque no conocen esta.
Fadrique	Yo vendré.
Flora	Pues no os mudéis otra vez, por vida vuestra; que el mudarse a mí me toca 910 por ser mujer.
Fadrique	Norabuena, firme seré.
Flora	Yo también.
Laura	¡Quién a vuestro campo fuera a ver la fiesta!
Alonso	A comer, diréis mejor; pero vengan 915 con sola una condición.
Flora	¿Cuál es?
Alonso	Que en una talega traigan toda su comida; bien cabrá, aunque sea pequeña,

porque no nos quedan menos   920
enemigos en la fuerza.

(Quítanse del muro, y salen tocando chirimías el Príncipe [de] Polonia y
Espínola con acompañamiento.)

Espínola   Esta, Príncipe excelente,
                      es Bredá invencible, esta
                      es del rebelde enemigo
                      la más importante fuerza.   925
                      Yace en los Países Bajos,
                      donde los confines cierran
                      de Batavia, de Celandia
                      y Brabante; bien lo muestra
                      el río, que decir Marche   930
                      en flamenco idioma suena
                      lo que término o confín
                      en la castellana lengua.
                      Está en altura del polo
                      cerca del norte cincuenta   935
                      y un grados, bien sus influjos
                      destemplados aires muestran.
                      Escritos en triangular,
                      y sírvese por tres puertas,
                      de Cinequen, de Valduque   940
                      y de Amberes; hay en ellas
                      diez soberbios baluartes
                      que la guardan y defienden,
                      de Masfelt y de Lamberto,
                      Nasau, Mauricio, a quien llegan   945
                      Norte, Holanda, Honoc, Locros,
                      Bernebelt y Blanquenvega.
                      Los tres están repartidos
                      entre la gente francesa

83

y valona; están a cargo 950
de un coronel que sustenta
toda esa máquina en peso,
que es hombre de inteligencia,
muy altivo y ingenioso,
y que si por él no fuera 955
se hubieran rendido, tanto
los anima y los alienta;
Morgan se llama, es inglés.
Los otros tres los gobiernan,
con gente de los países, 960
Oteribe y Gris, y quedan
cuatro al señor de Loqueren.
Justino de Nasau muestra,
gobernador de la villa,
gran valor y gran prudencia. 965
Tiene dentro un sumptuoso
templo, donde se celebran.
Predicar permite aquí
que torpedad de la lengua,
que mudo falte el acento, 970
y quede la luz suspensa.
Predicar, habiendo sido
con piedad y reverencia,
culto del mayor milagro
que ha obrado la Omnipotencia, 975
hoy a restaurar su templo
negando a tantas ofensas.
Tres fosos tiene en sus muros,
que aquí distantes la cercan,
y llena de fuego y agua, 980
es centro de tres esferas.
Fundada está sobre el mar,
siendo sus ondas soberbias,

aun a los rayos de Joven
inexpugnable defensa;
y con estar sobre el agua,
a tanto el ingenio llega
de su belicosa gente,
nacida, en efeto, en tierra
donde la escuela de Marte 990
tiene por primera escuela,
donde antes que hablar, aprenden
a pelear, pues las primeras
voces que escuchan naciendo,
son las cajas y trompetas. 995
A tanto llega, en efeto,
su ingeniosa diligencia,
que están minados de suerte,
que si asaltarla quisiera,
siendo posible ganarla 1000
por las armas, no lo fuera
reducir a cantidad
de números y de cuentas
la gente que nos costara
ganar un palmo de tierra. 1005
Es capaz, caso notable,
de cien mil hombres de guerra;
pues hoy, con haberse muerto
de una grave pestilencia
más de ochenta mil personas, 1010
quedan más de otras ochenta.
Tiene mucho bastimento,
y cuando no le tuvieran,
esta es gente que en las calles
cavan, cultivan y siembran; 1015
y aquí unas rústicas plantas
son tan fértiles, que llevan

en breves días el fruto,
de que a veces se sustentan.
Tienen siempre en abundancia   1020
para los caballos yerba;
labran la pólvora dentro,
de suerte, que no desean
sino solo libertad;
¡quiera Dios que no la tengan!   1025
De fuera de la ciudad
bien ha visto Vuestra Alteza
los cuarteles; pero quiero,
porque más noticia tenga,
referirlos. Tiene el sitio,   1030
cosa en nuestros tiempos nueva,
pues no le vieron mayor
en los suyos Troya y Grecia.
Tiene en torno treinta millas,
que son castellanas leguas   1035
diez; y de suerte que dista,
por la geometría hecha
la demostración, del muro
nuestro campo apenas media;
que, aunque a dos y medio toca,   1040
y en rectitud no pudiera
estar tan cerca; por eso
en la figión se cuentan
del diámetro las líneas
con las puntas y las cuestas.   1045
Hízose el sitio tan grande,
porque, estando en esta tierra
tan pujante el enemigo,
de ningún modo pudiera
cercarlos. Y es la razón,   1050
yo lo he visto en la experiencia,

si para una villa sola,
que tiene apenas dos leguas
de contorno, gasto diez
para cercarla; diez, fueran   1055
por la multiplicación
menester más de docientas.
Y si diez, sesenta y cinco
mil hombres tengo, no hubiera
para las docientas gente   1060
en toda Europa. Bien hecha
está la demostración,
más de un desvelo me cuesta.
Son las fortificaciones
todas labradas a prueba   1065
de cañón, y los dividen
tres graduadas hileras,
inferior y superior
y mediana; de manera
que pasean tres soldados   1070
a un mismo tiempo por ellas.
En el valle de Ginequen,
que es este, puse mi tienda,
que es un portátil alcázar,
y está del muro tan cerca,   1075
que ya he visto algunas veces
entrar sus balas en ella.
De mi cuartel a la espalda
está un colegio y iglesia
de los padres jesuitas,   1080
que hasta aquí su celo llega.
Aquí con gran devoción
los sacramentos frecuentan;
que es bien acuda por armas
el que por la fe pelea.   1085

Más abajo, algo inclinada
hacia la mano derecha,
guardada de artillería
la frente está de banderas;
son ciento y noventa, y luego   1090
empiezan a formar vuelta
los tres tercios españoles,
gente bizarra y experta.
Don Juan Claros de Guzmán,
ya se sabe su nobleza,   1095
don Francisco de Medina,
don Juan Niño. Luego empiezan
regimientos alemanes,
y en una pequeña huerta
el conde Juan de Nasau,   1100
que es su cabo, se aposenta.
El barón de Barlanzón
con los italianos cierra
el primero fuerte real
del oriente; mas afuera,   1105
el marqués de Barlanzón.
Fue la causa que estuviera
doblado aqueste cuartel,
que a esta parte tuvo puesta
Mauricio su gente; así,   1110
para mayor resistencia,
se pusieron tres naciones
por esta parte, que eran
borgoñones y valones
y los italianos. Esta   1115
es del príncipe de Orange,
una quinta hermosa y bella;
es casa de recreación
suya, cuyas plantas besa

el río; por aquí sale   1120
de la villa con más fuerza
despeñado, y a este llaman
el bosque de las cigüeñas.
Aquí tengo yo una inclusa
labrada para que vierta   1125
toda su corriente el río;
porque estando el mar tan cerca,
pudiera ser de algún daño
cuando a dar tributo llega,
corriendo del mediodía   1130
su caudalosa soberbia
al setentrión. De aquí
se ha cogido el agua llena
de veneno, que en la villa,
virtud de posibles yerbas,   1135
avenenaron el río,
en cuyos hombros se asienta
el segundo fuerte real.
Luego, hasta el tercero, empiezan
otra vez los alemanes,   1140
cuyo número a su cuenta
tiene el marqués de Braibones,
gente del país de afuera,
y liegeles siguen luego,
haciendo que les sucedan   1145
irlandeses, escoceses,
y ingleses, con lo cual llega
al fuerte real de Occidente,
las fabricadas trincheas.
El marqués de Belveder   1150
con más italianos muestra
su poder aquí; y por ser
el camino de Bruselas

esta parte, no se ha puesto
aquí tanta resistencia. 1155
Este es un brazo del río,
y al término donde llega
a incorporarse, está el puente
de barcas de fuego. Estas
son cada una un volcán, 1160
que por instantes revientan
llamas, que entre fuego y humo
opuestas al cielo vuelan.
Tiénelas Pablo Ballón,
y en el puente hay cuatro piezas; 1165
de modo que por el río
es imposible que puedan
meter socorro; que está
debajo del agua hecha
una estacada, porque 1170
ya vimos que es sutileza
de ingenieros navegar
barcas del agua cubiertas.
Demás de todo, esta gente
que está en los cuarteles, quedan 1175
veinte mil caballos fuertes,
que en volante escuadrón llegan
socorriendo a cualquiera parte,
porque en ningún tiempo sea
menester desamparar 1180
ninguna grandeza llega.
Vuestra Alteza advierta esto,
a que el ejército tenga
de costa, que son por cuenta
seis mil doblones. ¿Qué rey, 1185
sino el de España, pudiera
sustentarlo? Esto, sin sueldos.

¿Qué más bien? ¿Qué más grandeza?
No se ha visto en todo el mundo
tanta milicia compuesta,   1190
convocada tanta gente,
unida tanta nobleza;
pues puedo decir no hay
un soldado que no sea
por la sangre y por las armas   1195
noble. ¿Qué más excelencia?
¿Qué mayor blasón de España?
¡Quieran los cielos que sean,
para más honra de Dios,
propagación de su Iglesia,   1200
alabanza de Filipo,
honor suyo y gloria nuestra!

Príncipe   Ya ¿qué tengo que mirar?
Solo el rey de España reina,
que todos cuantos imperios   1205
tiene el mundo son pequeños,
sombra muerta a imitación
desta superior grandeza.
Admirado y dignamente,
es bien que a Polonia vuelva   1210
donde tenga que envidiar
tales vasallos, que emplean
su valor tan altamente
por rey, cuya vida sea,
desmintiendo a lo mortal,   1215
como a su alabanza, eterna.

(Vanse.)

Fin de la segunda jornada

JORNADA TERCERA

Salen Justino y Morgan.

[Voces] (Dentro.)   ¡Ríndase la villa!

Morgan   Ciego
          de enojo y cólera voy.

Justino   Rabiando de pena estoy,
             dando con los ojos fuego.
             ¡Vecinos, oíd! ¿Así   5
             el temor os sobresalta,
             que ánimo y valor os falta
             para resistiros?

[Voces] (Dentro.)   Sí.

Justino   ¿No es lo mismo el que llegó
             en su muerte a ser testigo,   10
             que le mate el enemigo
             que su mismo valor?

[Voces] (Dentro.)   No.

(Sale Flora.)

Flora   No te canses que ya es mucha
             tu pretensión y tu muerte.

Justino   ¿De qué modo?

Flora   Desta suerte,   15
          si no lo sabes, escucha.

Después, Justino, que la dura guerra
pasó a Flandes, en tanto desconsuelo,
que no solo prodigio fue a la tierra,
sino también calamidad del cielo,   20
-también aquel que en sus doseles yerra
caracteres que imprime en azul velo,
con que reparte al mundo de una suerte
dádivas de la vida y de la muerte-
tanto la voluntad se ve rendida   25
al hambriento furor, al golpe fuerte,
que duda entre las luces de la vida,
que ignora entre las sombras de la muerte
si asiste el alma a su porción unida,
si falta desasida; y desta suerte,   30
como a un tiempo dolor y horror recibe,
ignora cuándo muere o cuándo vive.
Cuál por las calles, ya tristes desiertos,
con la voz en los labios temerosa,
va tropezando entre los cuerpos muertos,   35
por llegar a los brazos de su esposa;
y allí, con los discursos más inciertos,
se quiere despedir, duda y no osa,
porque teme, al formarse la palabra,
que el alma espera a que los labios abra.   40
Cuál negándose al mísero sustento,
que le concede una porción escasa,
le lleva la mitad de su alimento
al impedido padre, que en su casa
camaleón se vive de su aliento,   45
y a nueva vida con su vista pasa;
y como la piedad duda y estima,
una vez se desmaya y otra se anima.
Cuál el cabello a su discurso deja
cubrir la espada y enlazar el cuello;   50

y siendo su fatiga quien la aqueja,
piensa que es quien la ahoga su cabello,
las manos tuerce y la sutil madeja
cruel aparta, y cuando vuelve a vello,
siendo lisonja de los aires vanos,   55
llora, y vuelve a torcer las blancas manos.
Cuál, pues, al corriente de ese río
llega a templar la desigual congoja;
bébese el mar, y viendo el centro frío
otra vez, otra vez el labio moja.   60
¡Qué fácilmente engaña el albedrío!
Templa la sed y el hambre le acongoja,
que el natural deseo de la vida
agua le da, aunque alimento pida.
¿Cuántos, de esa montaña despeñados,   65
a su misma pasión vimos rendidos?
¿Cuántos, a su furor precipitados,
pendientes de un cordel, de un hierro heridos,
de mortales venenos ayudados,
de prolijos peñascos oprimidos?   70
Y, al fin, es en tormentos tan esquivos,
Bredá un sepulcro que nos guarda vivos.
Pues ¿qué alivio tenemos, qué esperanza,
si a nuestra muerte hemos de ser testigos,
y para dar a España más venganza,   75
somos nuestros mayores enemigos?
¿Qué favor, qué socorro, qué mudanza
enmienda podrá ser a sus castigos,
si, cuando tantas penas padecemos,
nosotros a nosotros nos vencemos?   80
¿Qué minas brotan de arrogancia llenas?
¿Qué encuentro padecemos fuerte y duro?
¿Qué asalto nos derriba las almenas?
¿Qué artillería nos fatiga el muro?

Nosotros nos labramos nuestras penas,   85
nosotros les hacemos más seguro
el triunfo. Pues ¿qué hacemos, qué esperamos?
Átropos somos, nuestra vida hilamos.
Ya Enrique de Nasau se ha retirado,
imposible el socorro me parece,   90
por agua y tierra el paso está tomado,
mengua el valor y la desdicha crece.
Esa nueva moneda que has labrado,
¿qué importa, si la plata no me ofrece
interés y ella misma es infelice?   95
«Bredá sitiada por España» dice.
¿No es furor que se mate quien no espera
a que le mate el hambre dura y fuerte?
Luego es furor también de esa manera,
porque no me la den, darme la muerte.   100
Entre del español la furia fiera,
venza, triunfe y castigue de una suerte;
porque es furor, aunque el vivir dilate,
matarme yo, porque otro no me mate.

Justino   Madama, todo el rigor   105
veo, sufro, siento y lloro;
mas de la muerte no ignoro
que será muerte mejor
a las manos del valor,
que no a las del enemigo,   110
y así estos discursos sigo;
pero si no puede más
la humana fuerza, hoy verás
que a satisfacer me obligo
tantas quejas. No pretendo   115
para la esperanza mía
de término más de un día;

porque en este solo entiendo
que Enrique entrará rompiendo
el sitio que no ha podido,   120
que ya la gente ha venido
de Marfil. Y siendo vana
esta esperanza, mañana
nos daremos a partido.
Suframos hoy, que yo estoy   125
satisfecho que vendrá,
y que el socorro entrará
en la villa.

[Voces] (Dentro.)   Solo hoy
damos de término.

(Sale Laura.)

Justino   Soy
contento.

Laura   Las voces mías   130
penetren las celosías
de diamante y de zafir,
pues no podemos vivir
sino solos once días.

Flora   ¿Qué es esto, Laura?

Laura   Han contado   135
el sustento que tenemos
en la villa y no podemos
con tanto límite dado
vivir, ¡qué infelice estado!,
sino once días.

Flora	Pedir	140
	que nos vamos a rendir	
	al campo; que no hay ninguna	
	triste o mísera fortuna	
	que no la enmiende el vivir.	
	¿Es Bredá acaso Numancia?	145
	¿Pretende tan necia gloria?	
	¿Será la primer vitoria,	
	ni la de más importancia?	
	No es pérdida, que es ganancia	
	la guerra; pues ¿qué esperamos?	150
	¿Por qué no nos entregamos?	
	Que no hay libertad perdida	
	que importe más que la vida.	
	Vamos a rendirnos.	
Todos	Vamos.	

(Disparan y salen Ladrón, Espínola, don Vicente, don Gonzalo y don Francisco de Medina.)

Espínola	¡Jesús mil veces!	
Gonzalo	¿Así?	155
	Señor, Vuexcelencia pone	
	en tanto riesgo su vida.	
	¿Qué alabanzas, qué blasones	
	podrán ser satisfaciones	
	a una desdicha tan noble,	160
	aunque España con su muerte	
	el mundo a sus plantas postre?	
Medina	Perdóneme Vuexcelencia,	

que ha sido grande desorden,
y aun es desesperación   165
de su vida.

Ladrón   O me perdone
o no me perdone a mí,
juro a Dios, aunque se enoje,
que fue grande necedad
llegar divertido a donde   170
pudieron con una bala,
que el viento encendido rompe,
quitar el freno al caballo
que bañado en sangre corre.

Espínola   Señor don Gonzalo, andaba   175
dando en los cuarteles orden
para esperar la ocasión
que hoy Enrique nos propone;
que el socorro que ha venido
de Masfelt, y otros señores   180
de Flandes, le da esperanza
para que sus presumpciones
piensen entrar en Bredá,
para cuyo efeto pone
en la campaña docientos   185
carros y treinta mil hombres.
En aquesto andaba, cuando
corrió los vientos veloces
un rayo, que lumbre y trueno
puso entre el plomo y el bronce.   190
Quitome el freno al caballo,
mas si no me alcanzó el golpe,
lo mismo fuera haber dado
en Toledo.

Alonso [Aparte.]	Esas razones
	dije, cuando entró la bala 195
	en la tienda, y desde entonces
	se acuerda dellas. ¡Por Dios,
	que no olvida lo que oye!

(Sale don Fadrique.)

Fadrique	Ya Enrique se va llegando.
	¿No escuchas las dulces voces 200
	de las cajas y trompetas?
	¿No ves azules pendones
	que, a imitación de las nubes,
	ufanos al Sol se oponen?

Espínola	¿Pues ves toda aquesa gente, 205
	que en formados escuadrones
	hace una selva de plumas
	en variedad de colores?
	Pues en viéndonos la cara,
	plega a Dios que no se tornen, 210
	como otras veces lo han hecho.

Vicente	Ya de más cerca se oyen
	las cajas.

Espínola	Pues los cuarteles
	esperen a ver por dónde
	nos embiste, y los demás 215
	tercios, puestos y naciones,
	no desamparen los suyos;
	que el volante escuadrón corre
	a todas partes, y hoy

espero que el cuello dome   220
a esta herética arrogancia,
religión dañada y torpe.
Pues hoy en cualquier suceso,
que deste encuentro se note,
tengo de entrar en Bredá,   225
postrando a mis plantas nobles
la oposición de sus muros,
la eminencia de sus torres.
Si es bueno el intento nuestro,
porque ya sus presumpciones   230
quedarán desengañadas,
y no hay poder que no estorbe.
Si es malo, porque con él
nueva esperanza no cobre,
y vean tantas ruinas   235
sangrientas ejecuciones.
Vueseñoría, señor
don Gonzalo, a cargo tome
en este cuartel de España
el gobierno; y pues conoce   240
su cólera, cuando vea
que no pelean, reporte
su arrogancia, porque temo
que colérico se arroje
en viendo en otro cuartel   245
trabados los escuadrones.

(Vase.)

Fadrique   ¡Oh, si llegara por este
                  puesto de los españoles
                  Enrique, qué alegre día
                  fuera a nuestras intenciones!   250

Vicente	No somos tan venturosos, que esa dicha, señor, logre.
Ladrón	Yo apostaré que va a dar allá con esos flinflones, con quien se entienda mejor, 255 que dicen, cuando nos oyen «Santiago, cierra España», que aunque a Santiago conocen y saben que es patrón nuestro, y un apóstol de los doce, 260 el «cierra España» es el diablo, y que llamamos conformes a los diablos y a los santos, y que a todos nos socorren.
Medina	Si en el camino de Amberes 265 vino marchando, se pone frente de los italianos.
Fadrique	Ya parece que se rompen los campos.
Alonso	¡Cuerpo de Cristo! ¡Que de aquesta ocasión gocen 270 los italianos y estemos viéndolos los españoles sin pelear!
Gonzalo	La obediencia es la que en la guerra pone mayor prisión a un soldado, 275 más alabanza y más nombre

	que conquistar animoso, le da el resistirse dócil.	
Fadrique	Pues si no fuera más gloria la obediencia, ¿qué prisiones bastaran a detenernos?	280

(Tocan.)

Alonso	Con todo eso, no me enojen estos señores flamencos; que si los tercios se rompen, tengo de pelear hoy aunque mañana me ahorquen.	285
Vicente	¡Qué igualmente que se ofenden!	

(Tocan.)

Fadrique	¡Y qué bien suenan las voces de las cajas y trompetas a los compases del bronce!	290
Medina	¡Viven los cielos, que han roto el cuartel de los valones!	

(Tocan.)

Fadrique	Ya llega a los italianos. ¡Que a tanto me obligue el orden de la obediencia, que esté, cuando tal rumor se oye, con el acero en la vaina! ¡Que digan que estando un hombre	295

	quedo, más que peleando,	
	cumple sus obligaciones!	300
Vicente	Ya roto y desbaratado	
	el cuartel se ve. ¿No oyes	
	las voces? ¡Por Dios que pienso	
	que entre en la villa esta noche!	
Alonso	¿Cómo en la villa?	
Fadrique	¿En la villa?	305
	La obediencia me perdone,	
	que no ha de entrar.	
Vicente	Embistamos,	
	que se enoje o no se enoje	
	el General.	
Gonzalo	Caballeros,	
	piérdase todo y el orden	310
	no se rompa.	
Fadrique	No se falta	
	a nuestras obligaciones,	
	que en ocasiones forzosas	
	no se rompe, aunque se rompe.	
Vicente	Pero atentos a la acción	315
	que intenta atrevido un hombre,	
	mudo el viento se detiene,	
	y el Sol se ha parado inmóvil.	
	¿No ves al mayor sargento	
	italiano, que se opone	320
	al ejército de Enrique,	

y animando con sus voces
toda la gente, detiene
el paso a los escuadrones
del enemigo? Esta acción   325
ha de darte eterno nombre,
Carlos Roma, y dignamente
mereces que el Rey te honre
con cargos, con encomiendas,
con puestos y con blasones.   330
¡Con la espada y la rodela
furioso los campos rompe
y a su imitación se animan
los italianos! ¡Que gocen
ellos la gloria y nosotros   335
lo veamos! Aquí es noble
la envidia, y aun la alabanza;
que España, que en más acciones
se ha mirado vitoriosa,
no es razón que quite el nombre   340
a Italia de la vitoria,
si ellos son los vencedores.

Fadrique   Desbaratados y rotos
                  miden los vientos veloces
                  los flamencos, ya queda   345
                  por suyo el honor; coronen
                  su frente altivos laureles,
                  y en mil láminas de bronce
                  eternos vivan, tocando
                  hoy los extremos del orbe.   350

(Tocan, dase la batalla y sale Enrique.)

Enrique   Yo pienso que el mismo Marte

mis campos destruye y rompe
cada vez, ¡cielos!, que veo
un bello, un gallardo joven
que, ministro de la Parca,   355
tiene obediente a su estoque
en cada amago una vida,
y una muerte cada golpe.
Aquel valiente italiano,
que con la rodela sobre   360
las armas, bello y valiente,
era Marte, siendo Adonis,
¡ha quién supiera quién es!
¡Cielos, que tanto aficione
el valor, que el enemigo   365
le confiesa y le conoce!
Sí, estos brazos mereciste,
vuélvanse mis escuadrones
desesperados de entrar
en Bredá, y no provoquen   370
las cajas, y a retirarnos
nos llamen, Bredá dé orden
de entregarse; que imposibles
son ya todos mis favores.
Entréguense infamemente   375
que yo voy corrido donde
mi desdicha y su venganza,
mi muerte o su afrenta llore.

(Vase y sale Espínola, y todos con él.)

Fadrique   Ya Enrique se ha retirado,
                  desesperado de dar   380
                  el socorro.

Espínola   Si a llegar
                    hoy, en los de Italia ha hallado
                    tal resistencia, ¿qué mucho
                    que se vuelva, pues bastaba,
                    donde su valor estaba,   385
                    para defenderse?

Alonso [Aparte.]   Esto escucho.

Vicente   Carlos Roma valeroso
                    al peligro se arrojó,
                    dignamente mereció
                    nombre inmortal y glorioso.   390
                    Su Majestad premiará,
                    porque su valor entienda
                    el pecho de una encomienda,
                    que tan merecida está,
                    puesto que los italianos   395
                    en esta facción han sido
                    solos los que han conseguido
                    tantos triunfos soberanos.

(Ruido dentro.)

Gonzalo   Gran novedad es aquesta
                    que la vista maravilla.   400

Vicente   Fuegos hacen en la villa.

Barlanzón   Fácil está la respuesta,
                    sin duda quieren quemarse
                    los herejes.

Alonso   No será

la primera vez; que ya   405
lo hemos visto, por no darse.

(Sale Medina con una espía de villano.)

Medina   Esta es una oculta espía
                    que disfrazado venía,
                    señor; él podrá decir
                    deste fuego el fundamento.   410

Espínola   ¿Quién eres?

Espía   Un labrador.

Barlazón   Este es espía, señor,
                    mejor lo dirá el tormento.

Espínola   ¿Dónde en este traje vas?

Espía   Pues tan desdichado fui,   415
                    que luego en tus manos di,
                    de mí el intento sabrás.
                    Resuelto y determinado,
                    siendo una encubierta espía
                    dije a Enrique que entraría   420
                    en la villa.

Espínola   ¿Cómo?

Espía   A nado.
                    Por eso cartas no entrego.

Espínola   ¿Y qué habías de decir?

Espía	Que se traten de rendir con buenos partidos luego, 425 porque ya el conde Mauricio ha muerto, y él ha quedado ajeno y desesperado de ayudarles. Bien da indicio desto el fuego, pues así 430 dicen que no hay qué comer, y no pueden defender más la fortaleza. A mí decir la verdad me abone.
Espínola	En fin. ¿Mauricio murió? 435
Barlanzón	El primero es que me ahorró de decir: ¡Dios te perdone!
Espínola	¡Hola!, este hombre esté preso.
Fadrique	Allí una blanca bandera, con los vientos lisonjera, 440 está en la muralla.
Espínola	Eso es señal de paz. Lleguemos al muro, que desde allí habla un hombre, y desde aquí me parece que le oiremos. 445 Algún contento imagino.

(Morgan al muro.)

Morgan	Soldados, ¿está el Marqués donde me escuche?

Espía	Sí.	
Morgan	Pues	
	estame atento. Justino	
	de Nasau, gobernador	450
	de Bredá, quiere entregar	
	la fuerza, como acetar	
	quiera el piadoso valor	
	tuyo un lícito partido.	
	Y para que efeto tenga,	455
	Enrique de Vergas venga	
	aquí a tratarlo, que ha sido	
	la causa de no salir	
	el estar malo en la cama.	
Espínola	Hoy es dichosa mi fama,	460
	Bredá se quiere rendir.	
	¿Qué partido pedirá	
	que no sea fácil? Ladrón,	
	llamadme sin dilación	
	al conde Enrique, que ya	465
	se entrega Bredá. Diréis	
	a Justino que me pesa	
	de su enfermedad y que esa	.
	convenencia que os hacéis	
	acetaré, como sea	470
	tal que a todos esté bien.	
Morgan	Pues, invicto Ambrosio, ¿quién	
	otro suceso desea?	
Gonzalo	Dese la villa y quedemos	
	señores della, y vencidos	475

	o entregados, los partidos	
	que pidieren, acetar.	
Espínola	Sí, porque no importan más	
	del mundo los intereses,	
	que haber estado dos meses	480
	sobre este sitio y jamás	
	el ser liberales fue	
	desmérito. Así se vea	
	que es, lo que aquí se desea,	
	que esta fortaleza esté	485
	por España. Para esto	
	tanto tiempo hemos estado,	
	tanta hacienda se ha gastado,	
	y tantas vidas se han puesto	
	a peligro; pues advierte	490
	agora, ¿qué condición	
	de más consideración	
	no podrá ser que una muerte?	
Ladrón	El Conde está aquí.	

(Sale el de Vergas.)

Espínola	¿Qué habrá,	
	señor, que advertirle a quien	495
	alcanza y sabe también	
	lo que debe hacerse? Ya	
	se quiere rendir la villa,	
	Vueseñoría ha de entrar	
	dentro a parlamentear.	500
	Y puesto que ella se humilla,	
	no hay que apretar demasiado,	
	que mayor nobleza ha sido	

tener lástima al vencido
que verle desestimado   505
con arrogancia.

Vergas   Yo iré
y advertiré sus razones,
veré sus proposiciones
y sus partidos oiré,
sin dejar efetuado   510
ninguno, volveré a dar
cuenta y para confirmar
lo que quedare tratado,
se nombrarán diputados
de ambas partes para el día   515
señalado.

Espínola   Useñoría
lleve por acompañado
al marqués de Barlanzón.

Vergas   Con ese no más iré
muy honrado.

Barlazón   Yo entraré   520
con sola una condición,
que escondan al artillero
que la pieza disparó,
pues a conocerle yo,
he de matarle primero   525
que hablar nada.

Luis   ¿Y qué seguro
nos dan?

Barlazón	¿Qué seguridad más que su necesidad? No hay que temer.
Espínola	¡Ha del muro!
Morgan	¿Qué es lo que mandas?
Espínola	Ya aquí 530 está el Conde.
Morgan	Brevemente echa el rastrillo y el puente en un punto, porque así siempre el fuerte esté cerrado.
Vergas	Los dos habemos de entrar. 535
(Cae el puente.)	
Barlanzón	Estos andan por quebrar la pierna que me ha quedado.
Espínola	Yo espero entrar allá presto. Pero ¿quién causa este ruido?
[Voces] (Dentro.)	No queremos que a partido 540 se dé la villa.
Espínola	¿Qué es esto?
Fadrique	Parece que amotinado el ejército no quiere los partidos.

.

Espínola	Pues no altero
	mi intento, en esto acertado. 545
	Mas yo sabré con prudencia
	obligarlos, recorriendo
	los cuarteles y pidiendo
	su voto y su convenencia.
Gonzalo	Este de tudescos es. 550
Espínola	Tudescos, Bredá se ofrece
	a partido; ¿qué os parece?
	¿Que le acetemos?
[Voces] (Dentro.)	Después
	que vimos el inhumano
	rigor del helado invierno 555
	y sufrimos el eterno
	fuego del cruel verano,
	no es bien que partidos quieran.
Fadrique	Estos son valones.
Espínola	Ya
	valones, quiere Bredá 560
	entregarse.
[Voces] (Dentro.)	Cuando esperan
	los soldados aliviar
	los trabajos padecidos,
	con el saco entretenidos,
	¿quieres se vengan a dar 565
	para librarse?

Gonzalo	Es en vano
	que pierdan sus intereses.

Espínola
Agresores escoceses,
y ingleses, hoy os allano
mi tienda, en ella podéis   570
vuestra codicia aplacar.
Si Bredá se quiere dar,
su desinio no estorbéis.

[Voces] (Dentro.)
Hemos padecido mucho,
y es muy poco interés cuanto   575
puedes darnos tú.

Espínola
                                        ¡Que tanto
os mueva! ¿qué es lo que escucho?
Que si todos van así,
no tendrá efeto el intento.
Así remediarlo intento: 580
oíd, españoles.

Enrique
                                        Di.

Espínola
Para una empresa tan alta
como el fin desta vitoria,
para conseguir su gloria
solo vuestro voto falta.   585
¿Qué respondéis?

[Voces] (Dentro.)
                                        Que se dé,
con partido o sin partido,
como quede conseguido
nuestro intento, y es que esté
por el Rey. Y si no quieren   590

pasar esotras naciones
por pactos ni condiciones,
españoles se prefieren
a dar al Rey el dinero,
joyas, vestidos y cuanto   595
tuvieren, porque con tanto
oro, que es un reino entero,
su codicia esté pagada,
nuestra gloria conseguida,
dando la hacienda y la vida   600
tan dignamente empleada,
al Rey, pues mayor hazaña
es que no manche en tal gloria
con la sangre la vitoria,
y sea Bredá de España.   605

Todos   Quede Bredá por el Rey,
               y aceta la condición.

Fadrique   Todos a su imitación
               convienen, por justa ley,
               en las entregas, corridos   610
               de verles tan liberales.

Espínola   ¡Oh españoles! ¡Oh leales
               vasallos! ¡Cuanto atrevidos,
               para la guerra sujetos,
               para la paz obedientes,   615
               cuanto sujetos valientes,
               y en todo extremo perfetos!
               De la gentilidad dudo
               que por Dios hubiesen dado
               altares a Marte armado,   620
               y no a un español desnudo.

(Vanse, y salen Justino, Vergas, Morgan y Barlazón.)

Justino   Vueseñoría, señor,
             sea bien venido.

Vergas   Deme
             Vueseñoría los brazos,
             y diga ¿cómo se siente?   625

Justino   No estoy bueno, mas ¿qué mucho
             no tenga salud, si este
             término me pone hoy
             poco menos que a la muerte?

Vergas   Mucho ha sentido el Marqués,   630
             Justino, vuestro accidente
             de poca salud.

Justino   Las manos
             al Marqués beso mil veces.

Barlazón   Ya bastan las cortesías.
             Vueseñorías se sienten,   635
             sepamos a qué venimos.

Vergas   Aunque no traigo poderes
             del Marqués para firmar
             el concierto, como quede
             convenido entre nosotros,   640
             después diputados pueden
             de entrambas partes nombrarse
             para que lo que concierten,
             capitulado se firme.

(Saca un papel.)

Justino   Pues yo traigo escrito este   645
memorial de condiciones.

Vergas   Veamos, pues.

(Dos criados le lleguen.)

Justino   Este bufete
llegad y dejadnos solos.
Dice así: «Primeramente
se dé perdón general   650
a cuantos hoy Bredá tiene
en forma amplísima».

Vergas   Es justo
que, pues que se rinden, queden
perdonados. Adelante,
que el perdón se les concede.   655

Barlanzón   Escribamos dos a un tiempo,
para que un traslado quede
en Bredá para resguardo,
y el otro al Marqués se lleve.

Justino   «La segunda condición   660
es que todos los burgueses
puedan quedar en la villa,
y en dos años resolverse
si quieren su domicilio,
y que, si no le quisieren,   665
puedan al fin de dos años

llevar o vender sus bienes,
y que, si quisieren irse
al presente, libremente
lo puedan hacer, según   670
que mejor les estuviere:
que los que quedaren, vivan
en su religión.»

Vergas   No tiene
que leer más Vueseñoría,
que hay muchos inconvenientes.   675
Que los burgueses, vecinos
es lo mismo, en Bredá queden,
que se vayan y dos años
tengan para resolverse,
está bien.

Barlazón   ¿Qué nos importa   680
que se vayan o se queden?

Vergas   Pero llevar sus haciendas,
¿cómo puede concederse,
si es dejar pobre la villa?

Justino   Sí, pero los que tuvieren   685
hacienda en ella, jamás
se irán, porque ellos no pueden
llevar las casas y campos.

Barlazón   Y los tratantes que tienen
en los muebles las haciendas,   690
¿no podrán llevar los muebles?

Justino   Si de burgueses tratamos,

¿qué importan los mercaderes?
Fuera de que los partidos,
que en esto se les hiciere,   695
les harán irse o quedarse.

Vergas   En esto he de resolverme.
          Escriban: «que los vecinos
          puedan salir al presente
          o en dos años, y llevar   700
          o vender todos sus bienes».
          Que en toda esta condición
          he llegado a concederles,
          porque en esotra ha de ser
          todo lo que yo quisiere.   705
          Vivir en su religión
          nadie quitárselo puede,
          pero con tales partidos,
          que ha de ser ocultamente,
          sin escándalo ninguno;   710
          porque de ninguna suerte
          han de tener señalado
          lugar donde se celebren
          su predicación ni ritos,
          ni enterrarse donde hubiere   715
          poblado, ni ha de quedar
          un dogmatista que llegue
          a informarlos en su seta,
          que todos encontinente
          han de salir de la villa.   720

Justino   Rigor demasiado es ese.

Barlazón Pues rigor o no rigor
          demasiado o lo que fuere,

no se ha de quedar un tilde
del capítulo.

Justino   Pues cesen   725
                estas capitulaciones.

Barlazón   Ya han cesado. Morgan, vuelve
                a echar el puente.

Vergas   Marqués,
                deténganse.

Barlazón   Echen el puente,
                salgamos presto de aquí,   730
                o juro a Cristo que eche
                por encima de esos muros
                casa, sillas y bufete.
                ¿Estanse muriendo de hambre
                y quieren hacerse fuertes?   735

Justino   Cuando de hambre muramos,
                no nos espanta la muerte,
                que sabremos poner fuego
                a la villa, y que nos queme
                antes que vernos rendidos.   740

Barlanzón   No espanta el fuego a un hereje.

Vergas   ¿En qué quedamos?

Justino   En esto.

Morgan   En las fortunas crueles,
                cuando eres vencido sufre,

| | y súfranse cuando vences. | 745 |

Justino   Vuelve ˌa escribir.

Barlazón   Y yo vuelvo.

Vergas   Pero el capítulo es este:
«Que en su religión cualquiera
pueda vivir quietamente,
y que para los vecinos   750
que en su religión murieren,
se les señale apartado
un jardín donde se entierren.

(Va escribiendo Barlazón.)

Que salgan los dogmatistas
de la villa brevemente,   755
sin que en ella quede uno
tan solo, pena de muerte.»

Barlazón   Ya está.

Justino   Antes que pasemos,
¿qué imposiciones o leyes
han de tener los vecinos?   760

Vergas   Las que han tenido otras veces.
Vean lo capitulado
con los de Brabante, y queden
con todas las exenciones
que los brabanzones tienen,   765
que yo no inovo partidos.
Mas también, como ellos, deben

	recibir a los soldados	
	que de guarnición pusieren	
	Su Majestad, y se avengan	770
	con ellos conformemente.	

Justino — Escríbase así: estos son
vecinos. Los mercaderes
y tratantes, ¿cómo quedan?

Vergas — Como antes se estaban queden,   775
solo que para salir
a tratar afuera, lleven
pasaporte del que aquí
por gobernador hubiere,
y con este pasaporte   780
registrados, salgan y entren
a tratar y contratar
cuanto se les ofreciere.

Justino — Ahora digo que en tal tiempo
los tesoreros no deben   785
dar cuentas, y los ministros
que fiel y rectamente
han servido al magistrado,
comprehendidos se confiesen
en el perdón general.   790

Barlanzón — Pues ellos, ¿qué culpa tienen
en haber servido bien
si así cumplen lo que deben?

Vergas — Que se entiendan los ministros
del modo que los burgueses.   795
Solo, que no nos den cuenta

los tesoreros, nos tiene
dudosos.

Barlazón   Aquesto es dinero,
no miremos intereses,
no den cuentas, adelante.   800

Justino   ¿Y de qué modo la gente
de guerra saldrá? Porque
no saliendo honrosamente,
no saldrán.

Barlazón   Señor, de aqueso
todo cuanto ellos quisieren.   805

Vergas   Honrar al vencido es
una acción que dignamente
el que es noble vencedor,
al que es vencido le debe.
Ser vencido no es afrenta,   810
luego no fuera prudente
acuerdo que no salieran
honrados. Sus armas lleven,
sus cajas y sus banderas.
Mientras más lucidos fueren,   815
será mayor la vitoria,
porque esto se les concede
a oficiales y a ingenieros,
y los demás dependientes
de los ejércitos, saquen   820
sus familias y sus bienes.

Barlazón   Solo así por la señal
de ser vencidos, no lleven

cuerdas caladas ni balas,
sino en la boca.

Justino   Más debe   825
honrarse al vencido, ya
que a esto nos trujo la suerte.

Barlazón   Pues esta, ¿no es harta honra,
y mucha más que merecen?

Justino   Merecen mucho.

Vergas   Es verdad.   830

Justino   Y si no sacan, por ese
desprecio, la artillería,
no saldrán.

Barlazón   Pues que se queden
[Aparte.]   con hambre y sed. (En mi vida
vi flamenco tan valiente.)   835

Justino   Pues quedemos a morir.

Barlazón   Aun bien, que no habrá que hacerles
las honras.

Vergas   A Useñorías
les suplico que se sienten.

Justino   Escriba que saquen armas   840
y artillería.

Barlazón   Ya es ese

mucho pedir.

Vergas   «Cuatro piezas
saquen y dos morteretes,
como no sean las cuatro
de doce, que Bredá tiene   845
con armas de Carlos V,
que este Emperador valiente
las dejó a esta villa, y él
las hizo labrar, y cesen
las contiendas.»

Morgan   Ya está escrito.   850

Justino   En este castillo tiene
el gran príncipe de Orange
guardados algunos muebles.

Vergas   Que se saquen, para esto
se dan de plazo seis meses.   855

Justino   Algunos soldados hay
que por dos inconvenientes
no pueden salir: son deudas
y enfermedad.

Vergas   Los que deben,
hagan una obligación
de pagarlas llanamente,   860
y salgan.

Barlazón   ¿Obligación?
Eso es lo que ellos se quieren.
¡Qué puntuales serán!

Yo apuesto que eternamente,
por su obligación, aquestos   865
soldados son los que deben.

Vergas   «Los enfermos, en sanando,
salgan, y aquellos que hubieren
estado dos años, puedan
vender dentro de dos meses   870
sus haciendas y salir,
y los presos que estuvieren
de ambas partes queden libres.»

Justino   Muy igual partido es ese.

Vergas   ¿Hay más capítulos?

Justino   No.   875

Vergas   Esto queda desta suerte.

Barlazón   ¿Y cuándo se han de entregar?

Justino   Saldremos a seis de aqueste
mes de turno.

Vergas   Bien está.
Cada uno su papel lleve.   880
Nombraranse diputados,
con órdenes y poderes,
si las capitulaciones
agradaren.

Justino   Me parece
muy bien.

Barlazón	¡Qué hermosa es la villa!	885
	Una cosa solamente	
	le faltaba, pero ya	
	perfeta en todo se ofrece.	

Justino   ¿Y qué era, alemán?

Barlazón   Flamenco,
                  tener el dueño que tiene.   890

(Vanse, y salen Espínola y soldados.)

Espínola   Señor don Francisco, ¿cómo
                  Su Alteza ha quedado?

Medina   Tiene
                  la salud que deseamos
                  y que su virtud merece.
                  Alegrose con la nueva,   895
                  y dice, señor, que quiere
                  oír la primera misa
                  que en la villa se celebre,
                  y que la diga su Obispo
                  día del Corpus, con solene   900
                  fiesta.

Espínola   Pues no se derriben
                  las trincheas y cuarteles,
                  que al fin se holgará de verlo.

Gonzalo   De la muralla parece
                  que se descuelga otra vez   905
                  aquel levadizo puente.

Fadrique	Y ya el conde Enrique sale.
Espínola	Vueseñoría mil veces sea, señor, bien venido.
Vergas	Todo su concierto es ese, 910 Vueseñoría le repase, y mire qué le parece.
Espínola	Señor don Gonzalo, en todo estimo sus pareceres.
Fadrique	¡Oh qué celebrado día! 915 Bien el ejército tiene soldados de treinta años de milicia, que no pueden contar lo que yo he llegado a ver en tiempo tan breve. 920
Gonzalo	Todo aquesto está muy bien.
Espínola	No hay sino que al punto lleguen a rendirse. Ya Bredá es del rey de España, y ¡plegue al cielo que el mundo sea 925 su trofeo eternamente! Al Rey mi señor le lleve quien le diga que a sus pies quisiera humilde ponerle cuanto el Sol desde su esfera 930 ilumina, sin que deje de asistir a sus imperios, temidos dichosamente,

desde la aurora de flores
hasta las sombras de nieve,   935
que Bredá, una villa humilde,
trofeo a sus plantas breve
se conoce, y que reciba
el deseo, si es que tiene
que agradecer el deseo   940
a quien en su nombre vence,
y más quien, para defensa
en sus ejércitos, tiene
los Córdobas y Guzmanes,
Velascos y Pimenteles.   945

(Cae el puente y salen los de Bredá.)

Gonzalo   Ya las puertas se han abierto.

Justino   Señor, Vuexcelencia llegue,
y después de haber firmado
los capítulos presentes,
reciba la posesión.   950

Espínola   Léanse públicamente
las condiciones.

Justino   Escuche,
que todas son desta suerte:
«Perdón general a todos,
que vecinos o burgueses   955
puedan quedar en la villa,
viviendo muy quietamente
sin escándalo, que haya
un jardín en que se entierren;
que salgan los predicantes,   960

que se reciba la gente
de guarnición, hospedados
quieta y amigablemente,
que no den los tesoreros
cuenta, y los vecinos queden   965
exentos de imposiciones
nuevas, y que se proceda
como los de brabanzones,
que los ministros se entienden
en el perdón general,   970
que tratantes salgan y entren
con pasaportes, que saquen
armas, piezas y mosquetes
sin balas, y lleven cuatro
piezas y dos morteretes,   975
que del príncipe de Orange
se saquen todos los muebles,
que hagan una obligación
los soldados que debieren,
y que los enfermos tengan   980
plazo de salir dos meses,
que los presos de ambas partes
estén libres.»

Espínola   Desta suerte
lo firmo.

Justino   Pues da licencia
para que salga la gente.   985

Ladrón   Mucho te holgarás de verlo,
que los predicantes vienen
cubiertos todos de luto,
señal del dolor que tienen;

los caballos despalmados, 990
que a cada paso parece
que mueren; muchos soldados
con sus hijos y mujeres.
Mas, puesto que tú lo ves,
¿para qué pretendo hacerte 995
relación? ¡Oh con qué hambre
que aquestas mujeres vienen!

(Salgan todos los que pudieren por una parte, y por otra, entrando los
españoles, y después a la puerta Justino con una fuente, y en ella las llaves.)

Justino   Aquestas las llaves son
                 de la fuerza, y libremente
                 hago protesta en tus manos   1000
                 que no hay temor que me fuerce
                 a entregarla, pues tuviera
                 por menos dolor la muerte.
                 Aquesto no ha sido trato,
                 sino fortuna que vuelve   1005
                 en polvo las monarquías
                 más altivas y excelentes.

Espínola   Justino, yo las recibo,
                 y conozco que valiente
                 sois, que el valor del vencido   1010
                 hace famoso al que vence.
                 Y en el nombre de Filipo
                 Cuarto, que por siglos reine,
                 con más vitorias que nunca,
                 tan dichoso como siempre,   1015
                 tomo aquesta posesión.

Gonzalo	Dulces instrumentos suenen.
Luis	Ya el sargento en la muralla las armas de España tiende.
Sargento	Oíd, soldados, oíd. ¡Bredá por el rey de España!
Espínola	¡Y plegue al cielo que llegue a serlo el mundo rendido desde levante a poniente! Y con esto se da fin al Sitio, donde no puede mostrarse más quien ha escrito obligado a tantas leyes.

1020

1025

Fin de la comedia

Libros a la carta

A la carta es un servicio especializado para
empresas,

librerías,

bibliotecas,

editoriales

y centros de enseñanza;

y permite confeccionar libros que, por su formato y concepción, sirven a los propósitos más específicos de estas instituciones.

Las empresas nos encargan ediciones personalizadas para marketing editorial o para regalos institucionales. Y los interesados solicitan, a título personal, ediciones antiguas, o no disponibles en el mercado; y las acompañan con notas y comentarios críticos.

Las ediciones tienen como apoyo un libro de estilo con todo tipo de referencias sobre los criterios de tratamiento tipográfico aplicados a nuestros libros que puede ser consultado en www.linkgua.com.

Linkgua edita por encargo diferentes versiones de una misma obra con distintos tratamientos ortotipográficos (actualizaciones de carácter divulgativo de un clásico, o versiones estrictamente fieles a la edición original de referencia).

Este servicio de ediciones a la carta le permitirá, si usted se dedica a la enseñanza, tener una forma de hacer pública su interpretación de un texto y, sobre una versión digitalizada «base», usted podrá introducir interpretaciones del texto fuente. Es un tópico que los profesores denuncien en clase los desmanes de una edición, o vayan comentando errores de interpretación de un texto y esta es una solución útil a esa necesidad del mundo académico.

Asimismo publicamos de manera sistemática, en un mismo catálogo, tesis doctorales y actas de congresos académicos, que son distribuidas a través de nuestra Web.

El servicio de «libros a la carta» funciona de dos formas.

1. Tenemos un fondo de libros digitalizados que usted puede personalizar en tiradas de al menos cinco ejemplares. Estas personalizaciones pueden ser de todo tipo: añadir notas de clase para uso de un grupo de estudiantes, introducir logos corporativos para uso con fines de marketing empresarial, etc. etc.

2. Buscamos libros descatalogados de otras editoriales y los reeditamos en tiradas cortas a petición de un cliente.

Colección DIFERENCIAS

Diario de un testigo de la guerra de África	Alarcón, Pedro Antonio de
Moros y cristianos	Alarcón, Pedro Antonio de
Argentina 1852. Bases y puntos de partida para la organización política de la República de Argentina	Alberdi, Juan Bautista
Apuntes para servir a la historia del origen y alzamiento del ejército destinado a ultramar en 1 de enero de 1820	Alcalá Galiano, Antonio María
Constitución de Cádiz (1812)	Autores varios
Constitución de Cuba (1940)	Autores varios
Constitución de la Confederación	Autores varios
Sab	Avellaneda, Gertrudis Gómez de
Espejo de paciencia	Balboa, Silvestre de
Relación auténtica de las idolatrías	Balsalobre, Gonzalo de
Comedia de san Francisco de Borja	Bocanegra, Matías de
El príncipe constante	Calderón de la Barca, Pedro
La aurora en Copacabana	Calderón de la Barca, Pedro
Nuevo hospicio para pobres	Calderón de la Barca, Pedro
El conde partinuplés	Caro Mallén de Soto, Ana
Valor, agravio y mujer	Caro, Ana
Brevísima relación de la destrucción de las Indias	Casas, Bartolomé de
De las antiguas gentes del Perú	Casas, Bartolomé de las
El conde Alarcos	Castro, Guillén de
Crónica de la Nueva España	Cervantes de Salazar, Francisco
La española inglesa	Cervantes Saavedra, Miguel de
La gitanilla	Cervantes Saavedra, Miguel de
La gran sultana	Cervantes Saavedra, Miguel de

La conquista de México
La traición en la amistad
Apoteosis de don Pedro Calderón
de la Barca

Zárate, Fernando de
Zayas y Sotomayor, María de

Zorrilla, José

Colección **EROTICOS**

Cuentos amatorios
El sombrero de tres picos
El libro del buen amor
Diario de amor
A secreto agravio, secreta venganza
No hay burlas con el amor
Lisardo enamorado
El amante liberal
Adúltera
El burlador de Sevilla
Arte de las putas
El examen de maridos...
La dama boba
Reinar después de morir
Don Juan Tenorio

Alarcón, Pedro Antonio de
Alarcón, Pedro Antonio de
Arcipreste de Hita, Juan Ruiz
Gómez de Avellaneda, Gertrudis
Calderón de la Barca, Pedro
Calderón de la Barca, Pedro
Castillo y Solórzano, Alonso del
Cervantes, Miguel de
Martí, José
Molina, Tirso de
Moratín, Nicolás Fernández de
Ruiz de Alarcón y Mendoza, Juan
Vega, Lope de
Vélez de Guevara, Luis
Zorrilla, José

Colección **ÉXTASIS**

De los signos que aparecerán
Milagros de Nuestra Señora
Empeños de la casa de la sabiduría
Autos sacramentales
El alcalde de Zalamea
El divino cazador
El divino Orfeo
El gran teatro del mundo
El mágico prodigioso
La casa de los linajes
La dama duende

Berceo, Gonzalo de
Berceo, Gonzalo de
Cabrera y Quintero, Cayetano de
Calderón de la Barca, Pedro
Calderón de la Barca, Pedro
Calderón de la Barca, Pedro
Calderón de la Barca, Pedro
Calderón de la Barca, Pedro
Calderón de la Barca, Pedro
Calderón de la Barca, Pedro
Calderón de la Barca, Pedro

La vida es sueño	Calderón de la Barca, Pedro
Loa a El Año Santo de Roma	Calderón de la Barca, Pedro
Loa a El divino Orfeo	Calderón de la Barca, Pedro
Loa en metáfora de la piadosa hermandad del refugio	Calderón de la Barca, Pedro
Los cabellos de Absalón	Calderón de la Barca, Pedro
No hay instante sin milagro	Calderón de la Barca, Pedro
Sueños hay que verdad son	Calderón de la Barca, Pedro
El retablo de las maravillas	Cervantes Saavedra, Miguel de
El rufián dichoso	Cervantes Saavedra, Miguel de
Novela del licenciado Vidriera	Cervantes Saavedra, Miguel de
Amor es más laberinto	Cruz, sor Juana Inés de
Blanca de Borbón	Espronceda, José de
El estudiante de Salamanca	Espronceda, José de
Poemas	Góngora y Argote, Luis de
Poemas	Heredia, José María
Libro de la vida	Jesús, santa Teresa de Ávila o de
Obras	Jesús, santa Teresa de
Exposición del Libro de Job	León, fray Luis de
Farsa de la concordia	Lopez de Yanguas
Poemas	Milanés, José Jacinto
El laberinto de Creta	Molina, Tirso de
Don Pablo de Santa María	Pérez de Guzmán, Fernán
Poemas	Plácido, Gabriel de Concepción
Poemas	Quevedo, Francisco de
Los muertos vivos	Quiñones de Benavente, Luis
Primera égloga	Garcilaso de la Vega

Colección HUMOR

Lazarillo de Tormes	Anónimo
El desafío de Juan Rana	Calderón de la Barca, Pedro
La casa holgona	Calderón de la Barca, Pedro
La dama duende	Calderón de la Barca, Pedro
Las jácaras	Calderón de la Barca, Pedro

141

Made in the USA
Lexington, KY
02 January 2012